AF340023

X. + 3320. Double.

N° 50

18747

LA RHETORIQVE DV BARREAV,

OV LA MANIERE

de bien plaider de juger de la force & de la beauté d'vn Plaidoyé, & de faire de bonnes Escritures.

Par le Sieur DE RICHE-SOVRCE, *Moderateur de l'Academie des Orateurs.*

A PARIS,

A l'Academie des Orateurs, Place Dauphine aux trois Couronnes d'Or, sur le grand cours de la Riuiere, proche les deux Croissans.

M. DC. LXVIII.

Auec Priuilege du Roy.

LA RHETORIQVE

DV BARREAV

AVX

IEVNES ADVOCATS.

PVis que de toutes les actions humaines il n'en est point qui suppose vn plus grand nombre d'habitudes que la parole, pour l'eleuer au plus haut poinct de sa perfection & principalemēt celle qui est employée au Palais, pour defendre les interests de la Iustice & des Parties, i'ay crû que ie deuois accorder quelque chose à la priere de plesieurs Personnes de merite, qui se sentant appellées

ã ij

à la deffenſe de l'vn & de l'autre, ſeroient tres-aiſes de joindre, par mon ſecours, les ornemens de l'Eloquence aux richeſſes de la Science des Loix
& de porter, à l'exemple de
Demoſthenes & de Ciceron, le
flambeau de la Parole, dans les
cauſes qui ſemblent les plus
embrouillées, les plus difficiles
& les plus embaraſſantes, & de
trauailler conjointement à la
perfection de l'Aduocat, qui
n'eſt pas moins le chef-d'œuure
de la nature & de l'art, que la
gloire de la robe, l'admiration
des Iuges, les delices de l'Audience & le ſupport des Inno-
cents qui le reclament & qui
l'appellent à leur ſecours.

Et parce que ces belles habitudes de la Parole, de méme que
celles du corps, ne ſe peuuent

acquerir que par des exercices
bien reglez, ces mesmes Personnes, qui me jugent capable
de les soustenir & de les con-
duire dans ce loüable dessein,
souhaiteroient que ie voulusse
leur donner quelques heures de
mon temps, quelques-vnes de
mes lumieres & quelque lieu
cõmode afin d'y tenir leurs af-
semblées, pour y profiter de
mes aduis, pour y declamer, tour
à tour, des Plaidoyez de leur
cõpositiõ, sur toutes sortes de
Causes, & pour y receuoir leurs
corrections mutuelles & les
miennes principalement, afin
que, peu à peu, ils se puissent
former à l'air de la belle maniere de plaider, qui de tous les
employs ciuils & politiques est,
sans doute, le plus difficile & le
plus admirable.

Et comme ie ne puis rien re-
fufer à la follicitation de tant
de perfonnes que i eftime infiniment, qui me font l'honneur
de me confulter & de deferer à
quelques-vns de mes fentimés,
ie leur declare, par cette publi-
cation folemnelle, que ie leur
donneray toutes les lumieres,
tous les aduis & toutes les
affiftances qui me feront poffi-
bles.

Et afin que la plufpart de
ceux qui ne fe font pas trouuez
dans nos Affemblées particulieres, où la chofe a efté mife
en deliberation, puiffent eftre
fuffifamment informez de noftre inftitution, du nombre &
de la forme de nos Exercices,
nous leur faifons fçauoir les
chofes les plus confiderables
qui concernent noftre deffein.

La matiere de nos Exercices comprendra toutes sortes de Causes, les beneficiales, les ciuiles & les criminelles.

La forme de nos declamations, à l'imitation de celles de Quintilien, aprochera le plus qu'il nous sera possible de celle des plus celebres & des plus fameux Aduocats, que nous leur proposons en exemple, autant que leur genie leur permettra de les imiter.

Nous cultiuerons également & le style concis ou coupé, & le magnifique ou pompeux. Le premier pour les causes ordinaires, & le second pour les causes d'apparat, qui font la gloire du Palais.

Nous aurons reglement, chaque semaine, vn ou deux Plaidoyez, aux iours & aux heu-

res qui seront trouuées les plus
commodes, sans qu'aucun de
ceux qui sont de la societé, soit
obligé de faire plus d'vne piece
par mois, afin qu'ils puissent
tous vaquer à leurs autres oc-
cupations.

Quoy que de tous ceux de
nostre societé il n'y en ait que
trois qui soyent obligez de
declamer ou plaider, l'vn pour
le Demandeur, l'autre pour le
Deffendeur, & le troisiéme pour
les interests du Public, tous les
autres sont exhortez à se pre-
parer, en quelque sorte, sur le
sujet, afin qu'ils puissent estre en
estat de juger de la piece qui sera declamée, ou pour la loüer,
ou pour la corriger.

Et à cause que le temps ne
peut pas permettre que tous disent leur sentiment sur le Plai-

doyé & les remarques qu'ils
auront faites, ou pour la loüange, ou pour le blâme, les quatre premiers de l'ordre de l'af-
fociation font obligez, la femai-
ne de leur ordre, de faire la cenfure ou l'examen de la piece,
qui aura efté declamée en leur
prefence, apres que celuy qui a
declamé s'eft retiré iufqu'à la fin
de la cenfure qu'on le fait rap-
peller pour luy tenir compte des
remarques qui aurốt efté faites
par les Critiques, dont le Pre-
fident, à fçauoir celuy qui a declamé le dernier, fait le rapport
auec le plus d'ordre, de fince-
rité, de charité & de ciuilité
qu'il luy eft poffible

Il luy fait voir d'abord ce que
la Compagnie a loüé, eftimé,
admiré & enfuite ce qu'il doit
corriger.

Et afin que celuy qui est obligé d'en faire le rapport y puisse
proceder auec ordre & facilité,
il reduit les remarques faites
sur le Plaidoyé à deux chefs,
qui font

La Loüange.

Le Blâme.

La Loüange & le Blâme regardent deux choses dans le discours, qui font :

La Matiere &

La Forme, ou la façon.

Pour ce qui est de la matiere
il luy fait voir les remarques ou
auātageuses ou desauātageuses
qui ont esté faites sur quelques-
vns des douze Systemes de la
Cyclopedie qui font.

La Theologie.

La Iurisprudence.

La Medecine.

La Metaphysique.

La Physique,
La Mathematique.
La Politique,
L'Economique
La Morale.
Les Ars Liberaux.
Les Mixtes.
Les Mechaniques.

qui peuuent estre employez
dans vn discours estudié & pre-
paré, & en luy faisant voir qu'il
a ou bien ou mal employé quelques-vnes de leurs maximes.

Et pour ce qui est des remarques qui regardent la forme du
discours qu'on a censuré, il les
rapporte aux cinq Disciplines
qui perfectionnent le discours,
qui sont:

La Grammaire pour la pureté des paroles, des Phrases & la
neteté du style.

La Logique pour la conduite

du bons sens, & pour euiter le
galimathias.

La Dialectique pour le balancement des opinions, quand
les causes le peuuent permettre.

La Poëtique pour les fixions
ingenieuse.

La Rhetorique pour les ornemens du Discours & pour les
mouuements de l'ame.

De toutes lesquelles Disciplines, suiuant les remarques
qui ont esté faites par les Ob-
seruateurs, il luy fait voir celles dont il a fait vn bon ou vn
mauuais employ, afin qu'il con-
tinuë dans le bon vsage de celles-cy, & qu'il s'abstienne du
mauuais employ de celle-là. Il
touche les endroits de son discours que la Compagnie a trouuez fort beaux & il l'exhorte à
s'y bien exercer. Il luy fait voir

les deffauts des autres endroits,
par les raisons qui ont esté ap-
portées, & il luy fait connoistre
de quelle maniere il en falloit
vser pour s'en mieux acquitter.
Enfin il luy fait voir les fautes
dont il se doit corriger & qui ne
peuuent estre soutenees par qui
que ce soit, comme celles qui
choquent les principes de l'vne
de ces cinq diciplines qui forment le discours.

Quoy que la pureté de la
Grammaire soit des principales
obseruations, de méme que celle de la Logique qui conduit le
sens commun, les pensées, les
sentences, les definitions & les
raisonnemens, si est-ce que
celles qui se font sur la Rhetorique, sont les plus considerables
& les plus necessaires, à cause
que si la Grammere regarde les

vij

simples termes & les phrases; &
la Logique la force du raisonnement, celles-cy, outre qu'elles supposent toutes les autres,
elles concernent tout le discours, suiuant ses trois principales parties, l'Inuention ou le
dessein du discours, la Disposition & l'Elocution, ou l'action.

Toutes ces considerations,
qui se voyent dans l'idée de
nostre Rhetorique du Barreau,
en faueur des ieunes Aduocats,
& dans ce que i'en dis, de viue
voix, leur font connoistre que
par ces sortes d'Exercices ils
peuuent acquerir ces quatre
belles Habitudes.

Celle de composer iudici-
eusement.

Celle de prononcer agreablement.

Celle de critiquer vn discours, &

Celle de preſider dans toutes
ſortes d'Aſſemblées.

Et d'autant que tous ces auantages ſuppoſent la connoiſſance
de trois principales eſpeces de
cauſes, la Conjecturale, la Definitiue, & la Iudiciaire, ie donne aduis aux jeunes Aduocats,
que ie les explique auec les Topiques de l'Art de bien dire, les
jours de la ſemaine que nous y
auons deſtinez.

Le cours ne dure que deux
mois.

DE RICHE-SOVRCE, *Mode-*
rateur de l'Academie des Orateurs.

Place d'Auphine, ſur le grand
cours de l'Eau, aux trois
Couronnes.

LA RHETORIQVE DV BARREAV,

OV LA MANIERE

de bien plaider, de juger de la force & de la beauté d'vn Plaidoyé, & de faire de bonnes Escritures.

CHAPITRE PREMIER.

De la Rhetorique en general.

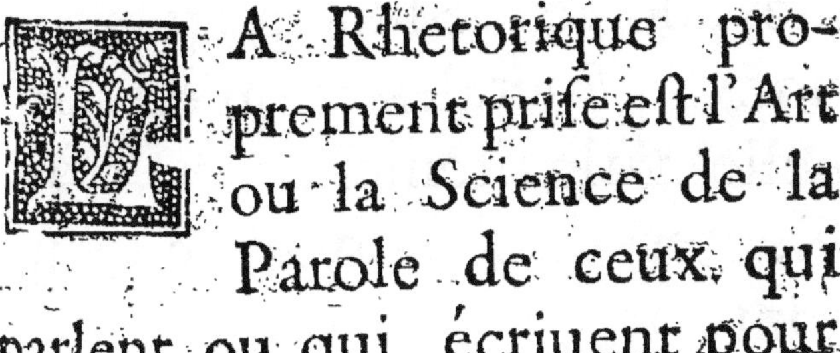

LA Rhetorique proprement prise est l'Art ou la Science de la Parole de ceux qui parlent ou qui écriuent pour

le public ou pour les particuliers.

Comme le nombre & la di-
uersité des sujets oratoires font
le nombre & la diuersité des
Orateurs qui l'employent, ils
font aussi le nombre & la diuersité des Ouurages qu'ils donnent au public.

Quoy que le nombre & la diuersité des matieres de l Eloquence du Barreau soient sans-
nombre, puisque les Aduocats
doiuent parler ou écrire de toutes choses, les Methodistes ne
laissent pas, pour les faire
mieux connoistre, de les deter-
miner & les rendre plus traita-
bles, de les reduire à trois no-
tions generales, qu'on appelle vulgairement les trois
Genres de l'Eloquence, qui
font,

L'Eloquence demonstra-
tiue ou pompeuſe.

L'Eloquence ciuile ou
judiciaire.

L'Eloquence deliberatiue
ou pathetique.

Pour dire d'vne maniere
moins ſcholaſtique & plus in-
telligible,

L'Eloquence pour les A-
ctions paſſées ou d'exemple.

L'Eloquence pour les A-
ctions preſentes ou d'inte-
reſt.

L'Eloquence pour les A-
ctions futures ou d'vtilité.

On peut adjouſter vne qua-
trieſme eſpece d'Eloquence,
qu'on peut appeller l'Eloquence compoſée, à cauſe qu'elle
comprend les trois precedentes,
& c'eſt cette eſpece d'Eloquence qui a le plus d'vſage, quoy

qu'elle ait moins befoin de dif-
cours en ce lieu pour fe faire
connoiftre.

CHAPITRE II.

De l'Eloquence Demonftratiue.

L'Eloquence Demonftrati-
ue, qui ne confidere pro-
prement que les Actions paffées
qui doiuent eftre propofées en
exemple, à deux efpeces, c'eft
à dire deux fonctions, qui
font,

L'Eloquence Panegyri-
que, &

L'Eloquence Satyrique.

L'Eloquence Panegyrique,
flateufe & pompeufe, qu'on
peut appeller l'Eloquence du
merite, eft celle dont fe feruent

les Orateurs Panegyriftes : elle
ne confidere proprement que
les Actions morales qui font
bonnes pour les loüer, pour les
rendre recommandables , &
pour les faire imiter ; c'eft à dire
qu'elle en fait connoiftre la
beauté & le merite , par l'ex-
pofition qu'elle en fait. Les Dif-
cours qui fe font à l'auantage
des Actions qui meritent de la
gloire , s'appellent Eloges ou
Panegyriques.

L'Eloquence Satyrique, ou
l'Inuectiue eft oppofée à la precedente : elle ne confidere proprement que les mauuaifes
Actions pour les blamer & pour
les faire haïr.

L'vne & l'autre de ces deux
efpeces d'Eloquence s'appelle
Demonftratiue ou Pompeufe,
parce que toute fon excellence

ne confiste que dans la Demon-
ftration, ou dans la montre,
dans la pompe, & dans l'expo-
fition qu'elle fait de toutes les
plus belles chofes qui fe trouuent dans les Actions qu'elle
loüe; ou, au contraire, dans
l'exageration des plus grands
deffauts qui paroiffent dans les
Actions qu'elle blâme.

Comme l'honneur, le plai-
fir & la loüange font l'effet du
Panegyrique; la honte, le dé-
plaifir, & le blâme font ceux de
l'Inuectiue. *Voyez la Rhetorique
des Predicateurs, Pag. 222.*

CHAPITRE III.

De l'Eloquence Iudiciaire.

L'Eloquence Iudiciaire, ciuile, ou contentieuse, qu'on
employe dans le Bareau est celle dont se seruent les Aduocats
dans la deffense des causes dont
ils sont chargez, & qui leur ont
esté confiées ; c'est pourquoy
cette espece d'Eloquence, qui
se peut appeller l'Eloquence de
la Iustice, ne regarde proprement que les Actions presentes,
& qui interessent, ou le Public,
ou le Particulier, c'est à dire
importantes, & que par maniere de dire, on peut appeller Vi-
uentes pour les distinguer de
celles de l'Eloquence demon-

ſtratiue qui ne traite ordinairement que des choſes qui ſont
paſſées, deffuntes, ou préſcri-
tes, & qui ne nous touchant
que peu ou point du tout, ne
ſont pas ordinairement le ſujet
de la ſatyre, non plus que celuy
de la loüange, je veux dire de
l'accuſation, & de la deffenſe
dont on vſe dans le Bareau.

Et quoy que l'Eloquence liti-
gieuſe parle aſſez ſouuant de
choſes qui ne ſõt pas nouuelles,
bien loin d'eſtre preſcrittes, &
qui ſe ſont paſſées il y a pluſieurs
années, comme des Contracts
paſſez au prejudice des Mi-
neurs, ou des Communautez
qui ne ſe preſcriuent jamais,
elles ne laiſſent pas de les conſi-
derer comme preſentes & viues,
à cauſe qu'elles importent au
Public, ou au Particulier, &
qu'i

qu'il est juste que ces sortes de Transactions soient ou condamnées, ou maintenuës; & on peut dire que la Iustice les ressuscite, qu'elles les retire du tombeau, & qu'elle leur redonne la vie pour estre mises dans la balance, & pour y estre pesées au poids du sanctuaire de cette Diuinité.

L'Eloquence Iudiciaire, ou contentieuse, ainsi que l'Eloquence Demonstratiue à deux especes, ou pour mieux dire, deux fonctions, qui sont,

L'Accusation, &

La Deffense.

Parce qu'on suppose que les Actions ciuiles, qu'elle considere, ne peuuent estre que justes, ou injustes; incocentes ou criminelles.

L'Accusation ne considere

proprement que les Actions ciuiles qu'on suppose estre injustes, & contre les Loix & les
vsages qu'on appelle les Mœurs
ou les Coustumes, & celles
qu'on appelle criminelles.

La Deffense au contraire ne
considere proprement que les
Actions ciuiles, qu'on suppose
estre ou justes, ou moins injustes, ou innocentes, ou tout au
plus, moins criminelles, à cause qu'elle choque ou plus ou
moins les Loix, qui sont la regle des Actions ciuiles & morales.

Si ces deux especes de l'Eloquence litigieuse sont differentes par leur objet, elles ne le
sont pas moins par leur fin, ou
par leurs effets.

La Punition & la peine sont
le terme ou l'effet de l'Accusa-

tion ou de la pleinte, & la juſtifi-
cation ou l'impunité eſt le but
de la Deffenſe.

Ces deux fonctions oratoires
ne peuuent eſtre ſi differentes
par leur objet & par leur terme,
qu'elles ne le ſoient auſſi par
leurs effets, qui ſont les paſſions
qu'elles doiuent faire naiſtre.

L'Accuſation comme la plus
importante doit eſtre hardie,
ſeuere, & vigoureuſe, à cauſe
qu'elle ſe propoſe la peine qui
eſt combatuë par la douceur de
la clemence & de l'équité.

Et la Deffenſe, au contraire,
doit eſtre plus douce, plus ſou-
miſe, & moins animée, à cauſe
qu'elle ſuit les ſentimens de l'e-
quité & de la clemence, qui eſt
combatuë par la ſeuerité des
Loix & de la Iuſtice.

CHAPITRE IV.

De l'Eloquence Deliberatiue.

L'Eloquence Deliberatiue, ou actiue, qu'on peut nommer l'Eloquence de l'honneur, du plaisir, & du profit, est celle dont se seruent les Orateurs qui ont droit dans le public ou dans le particulier, de representer au Personnes interessées l'importance des choses futures qu'ils leur proposent.

L'Eloquence Deliberatiue, de mesme que les deux precedentes, à deux especes, ou fonctions, qui sont.

La Persuasion.

La Dissuasion.

La Persuasion est cette espe-

ce de l'Eloquence Deliberatiue
dont se seruent les Conseillers
pour porter les Personnes interessées à entreprendre, à pour-
suiure, appuyer & fauoriser l'e-
xecution de quelque entreprise
importante.

La Dissuasion, au contraire,
est cette espece d'Eloquence
Deliberatiue, dont se seruent
les Sages, pour porter les Personnes interessées à l abandon-
nement de ce qu'elles auoient
dessein d'entreprendre, de pour-
suiure, d'appuyer, ou de fauoriser, à cause des inconueniens
& des fascheuses consequences.

Les deux fonctions de l'Eloquence Deliberatiue ne sont
pas, non plus que les quatre autres fonctions oratoires, diffe-
rentes par la diuersité de leur

objet qu'elles confiderent di-
uerfement, l'vne pour nous exciter, & l'autre pour nous intimider : elles font encore diffe-
rentes par les mouuemens
qu'elles fe propofent, qui font,

La Hardiffe & l'Efperan-
ce.

La crainte & le Defef-
poir.

Et par les bons ou les mauuais euenemens qui les fuiuent
neceffairement, qui font,

La Gloire, le plaifir, &
le profit,

L'Infamie, le chagrin,
& le dommage.

Les aduantages de ce troifié-
me genre d'Eloquence, qui
triomphe des deux autres, fe
voyent affez amplement dans
noftre Rhetorique royale, ou
politique, & dans celle que

nous appellons la Rhetorique
du sens commun, ou de ceux
(comme on parle) qui n'ont
point étudié.

CHAPITRE V.

Des Aduantages de la Rhetorique du Barreau.

CE n'est pas sans raison que
nous donnons pour éloge
à l'Eloquence du Barreau, le
nom d'artifice, de maniere, ou
de methode pour bien plaider
& pour bien iuger de la force
& de la beauté d'vn Plaidoyé.
Il y a tant d'industrie & tant
d'adresse dans cette admirable & glorieusse Profession,
& tant de regles qu'il y faut

B iiij

garder, & tant de preceptes
qu'il y faut suiure, qu'il est tres-
peu de Personnes qui puissent
atteindre à ce haut point de perfection, de se faire toûjours ad-
mirer de tous ceux qui les employent, non moins que de tous
ceux qui les écoutent ; Et il est
si vray que la façon de plaider
des Aduocats d'aujourd'huy est
si differente de celle des deux
plus fameux Tribunaux que la
Iustice ait iamais eu, celuy d'A-
thene & celuy de Rome, que
les Demosthenes & les Cice-
rons de l'ancienne Eloquence
feroient les Disciples, les Auditeurs, & les Admirateurs de
nos Aduocats, & les imitateurs
des Plaidoyez de l'Eloquence
moderne, tant l'artifice du Plaidoyé de ce temps, est different
de celuy dont vsoient ces fa-

meux Aduocats de l'Antiquité.
Ce n'est pas qu'ils n'eussent le
mesme nombre d'Alphabets &
de termes oratoires, (à l'imitation des Grammairiens, des Ari-
thmeticiens, & des Musiciens
(dont ie parle dans la Rhetorique du sens commun) mais c'est
que l'vsage, où l'agreable mela-
ge qui s'ē fait aujourd'huy en est
tout à fait different, à cause que
le genie de nostre Langue est
tout autre que celuy des Lan-
gues grecque & romaine. Mais
quelque difference qui se
trouue entre ces deux manieres
de plaider, l'ancienne & la moderne, au regard des ornemens
des pieces oratoires qui ne regardent que le genie de la Langue, elles conuiennent en beaucoup de choses au regard du
principal qui fait l'essentiel de
B v.

la plaidoirie, comme nous le
ferons voir dans les exemples
que nous ferons obligez de
donner pour seruir de modelle
aux jeunes Aduocats, que la necessité nous force d'emprunter
de ces Anciens, à cause que nous
en auons tres-peu d'imprimez
de nos Aduocats que nous puis-
sions proposer en exemple.

CHAPITRE VI.

Des Noms de l'Eloquence Iudiciaire.

L'Eloquence qui fait le suiet de ce Traité, a receu
plusieurs noms de l'Antiquité,
dont les plus ordinaires & les
plus remarquables, sont les sept
qui suiuent.

1. L'Eloquence judiciaire.

2. L'Eloquence ciuile.

3. L'Eloquence du Barreau.

4. L'Eloquence des Aduocats.

5. L'Eloquence contentieuse.

6. L'Eloquence litigieuse, &

7. L'Eloquence de la Plaidoirie.

Ces sept noms de l'Eloquence, dont nous parlons, ne sont differens que par quelques circonstances; c'est pourquoy ils ne signifient qu'vne mesme chose diuersement.

Pour ce qui est de la premiere denomination, l'Eloquence Iudiciaire est ainsi nomée, ou à cause que c'est dans cette fonction de l'Eloquence que doit principalement regner, le Iu-

gement des Parties, des Iuges,
des Aduocats, & de toute l'Audiance, comme qui diroit l'Eloquence Iudicieuse: ou à cause
que c'est celle qu'on employe
deuant les Iuges, comme qui diroit l'Eloquence du droit, &
dont on se sert deuant la Iustice,
pour terminer les differents
en les adjustans aux Loix, aux
Coustumes, & aux Ordonnances, qui font les regles des
actions ciuiles; d'où viennent
les Sentences, les Iugemens, &
les Arrests.

Et pour ce qui est de la seconde denomination, l'Eloquence
ciuile est ainsi nommée, à cause que c'est celle des Citoyens,
ou des Pleuples & des Bourgeois, de laquelle ils se seruent
pour deffendre leurs droits deuant le Tribunal de la Iustice,

pour la diſtinguer de celle de l'Egliſe, du Conſeil, de la Conuerſation, & des Compagnies.

Et pour ce qui eſt de la troiſiéme denomination, l'Eloquence du Barreau eſt ainſi nommée, à cauſe de la Barre qui ſepare la foule du Peuple, des Officiers de la Iuſtice, afin d'empeſcher le deſordre & la confuſion, & que c'eſt à cette Barre que ſe preſentent les Parties, qui ſont les Perſonnes intereſſées, où leurs Aduocats qui deffendent leurs droits, de meſme que celle de la Religion, eſt appellé l'Eloquence de la Chaire, pour l'oppoſer à la precedente par ces ſortes de circonſtances.

Et pour ce qui eſt de la quatriéme denomination, l'Elo-

quence des Aduocats est ainsi
nommée, à cause que c'est celle
dont se seruent ceux qui portent la parole pour les Parties,
ou qui n'entendent pas les Loix
& les termes du Barreau, ou qui
n'ont pas l'esprit de se deffendre
que par l'organe de ceux qu'elles appellent à leur secours.

Et pour ce qui est de la cin-
quiéme Denomination, l'Eloquence contentieuse, est ainsi
nommée, à cause de la grande
contention d'esprit que les Parties y font ordinairement paroistre, par ce qu'il s'y agit, ou de
l'honneur, ou des biens, ou de
la vie, qui sont les trois aduantages qui doiuent animer les
Parties à leur deffense.

Et pour ce qui est la sixiéme
denominaison, l'Eloquence
litigieuse est ainsi nommée, à

cauſe des differents & des diuerſes Procedures qui en font
la matiere.

Enfin l'Eloquence de la Plaidoyrie ou du plaidoyé eſt ainſi
nommée, non ſeulement à cauſe de la permiſſion de plaider, &
de l'Audiance que les Parties
demandent pour leur defenſe,
& de la protection qu'elles at-
tendent de la Iuſtice, comme il
paroiſt par les Placets qu'elles
preſentent, *Plaiſe à Monſeigeur,*
&c. d'où vient qu'ancienne-
ment on diſoit, *Les Plaids tien-*
nent, pour dire à la maniere
d'auiourd'huy, *Les Audiances*
ſont ouuertes. Mais auſſi à cauſe
que les Hoyries & les Douaires
ont touſiours fait & font encore
la principale occupation, & la
plus ordinaire de l'Eloquence
du Barreau, côme les Teſtaments

& les matieres beneficia-
les.

Comme de tous les noms de
l'Eloquence dont nous traitons,
ceux de l'Eloquence judiciaire,
& du Barreau, sont les plus ordinaires & les plus à la mode,
ie les employeray plus ordinairement que les autres.

CHAPITRE VII.

*Du Sujet, ou de la matiere, de
l'Eloquence du Barreau.*

LE suiet ou l'objet de l'Eloquence judiciaire, com-
prend toutes les Actiós litigieu-
ses ou contentieuses, qui peuuent faire la matiere d'vn procez, à cause du rapport qu'elles
ont auec les Loix, les Ordon-

nances, & les Couſtumes, qui
ont eſté enfreintes par les De-
fendeurs, & ces Actiõs litigieu-
ſes ſont le ſuiet ou le motif des
plaintes & des deffenſes des Parties, les Demandeurs & les De-
fendeurs, dans les Cauſes ciuiles, & de la Partie ciuile & de
l'accuſé dans les Cauſes criminelles.

Toutes les matieres qui ſont
le ſuiet ou l'obiet de l Eloquence judiciaire ſont ordinaire-
nrent ſignifiées par le nom de
Cauſe ou d'*Eſtat*, pour dire le
Point, le ſujet, le *Motif*, le *Different*, le *Procez* des Parties : de
meſme que celuy de *Queſtion*,
ou de *Theſe* exprime le ſuiet ou
la matiere d'vne diſpute de
Theologie, de Medecine, & de
Philoſophie, & celuy de *Pro-
bléme* chez les Dialecticiens,

dans les Academies, nous marque la matiere de la conference
ou conuersation academique:
& comme ce seroit mal parler
que de demander dans la Sale
des Academiciens, *Quelle est la
Cause ou la These du jour?* Pour
dire, *Quelle est le Problême?* Ce
seroit parler improprement que
de demander dans la Grand-
Chambre du Palais, *Quel est le
Problême du iour?* Pour dire,
Quelle est la cause d'auiourd'huy?
Les Academiciens disent, *Que
voilà vn beau Problême!* Et les
Aduocats disent, *Que voilà vne
belle Cause!* Et les Theologiens
à leur tour, les Medecins, les
Philosophes, les Mathematiciens, les Politiques, les Astro-
nomes disent dans leurs Escholes, *Que voila de belles Theses?* Et
il est vray semblable que cette

denomination du ſuiet de la Controuerſe du Barreau eſt ve-nuë de la maniere de parler des Iuges qui demandoient aux Côpleignans, *Pour quelle cauſe ils demandoient audiance & juſtic ? Pour dire, Pour quel ſuiet ? Pour quel motif ? Pourquoy ? Pour quelle raiſon* demandez vous audian-ce ? Ainſi qu'il ſe voit dans les Placets qu'on leur donne, ou pour mieux dire, dans les Fa-ctums qui contiennent ſom-mairement la matiere du Pro-cez. Les Grecs & les Romains que nous auons imitez, ſe ſer-uoient des meſmes termes à leur mode qu'ils appelloient Eſtats, *Staſes, Status,* demandant aux Parties, *Pour quoy elles ſe preſen-toient au Tribunal de la Iuſtice ?*

Les Perſonnes intereſſées dans ces ſortes de conteſtations

judiciaires font appellées les
Parties, d'vn nom commun, à
cauſe, ſans doute, qu'elles diuiſent l'Audiance, & le ſentiment des Aduocats & des Iuges,
par la diuerſité de leurs inte-
reſts, de leurs demandes, & de
leurs raiſons. Ainſi l'Aduocat
dit, *Ma Partie*, & *la Partie ad-*
uerſe : & d'vn nom particulier,
on les appelle le Demandeur &
le Deffendeur, & s'il s'y trouue
des gens intereſſez en quelque
maniere, on les nomme inter-
uenants, ou Parties interue-
nantes, & ce dans les actions
ciuiles, & en premiere inſtance;
& dans les Cauſes criminelles,
on dit la Partie ciuile & l'Accuſé : & s'il arriue que ce ſoit
en ſeconde ou derniere inſtance, y ayant appel, les Parties
ſont appellées l'Intimé & l'Ap-
pellant.

Les actions de l'Eloquence
judiciaire sont la Demande, ou
la Plainte & la Deffence; & les
effets sont la Sentence du Iuge
dans les Causes ciuiles, & le Iugement dans les Causes criminelles en premiere instance; &
la confirmation ou l'infirmation
de la Sentence, & du jugement,
& Arrest en derniere instance
dans les Cours Souueraines.

CHAPITRE VIII,

*Du Nombre, Des Causes, &
Des diuerses especes de l'Eloquence iudiciaire.*

OVoy que les Actions ci-
uiles & crimineles qui
pour le rapport qu'elles ont a-

uec les Loix, peuuent faire le
sujet d'vn Procez ciuil ou criminel, soient en si grand nombre qu'il semble qu'elles soient
infinies, à cause des circonstances qui sont comme infinies, & que ne les pouuant
toutes découurir, il semble qu'il
soit impossible de donner des
regles & des maximes pour les
bien traitter, comme de choses
qui ne nous sont pas bien con-
neuës, neantmoins par l'artifice
de la Logique, qui sçait faire le
discernement & le denombre-
ment de toutes choses, dont
elle fait les ordres, les estats,
& les categories, pour la dé-
couuerte de la verité ; pour
la facilité de l'Eloquence, &
pour la perfection des pieces
oratoires, nous ne laissons pas
de réduire toutes les actions

contentieuſes, & tous les Eſtats
où toutes les cauſes, à quatre
principales qui renferment &
qui comprennent toutes les autres quelles qu'elles puiſſent
eſtre, qui ſont,

 La Cauſe conjecturale.
 La Cauſe definitiue.
 La Cauſe juridique.
 La Cauſe quantitatiue.

Ces quatre eſpeces de Cauſes répondent aux quatre principales queſtions de la Dialectique, qui regardent les quatre
principales circonſtances d'vne
action qu'il importe de connoiſtre pour la confondre, où
pour la deffendre, qui ſont,

 L'Exiſtence de l'Action.
 L'Eſſence de l'Action.
 Le Caractere de l'Action.
 La Grandeur de l'Action.

Que les Scholaſtiques expriment sommairement par les quatre termes suiuans qui marquent les quatre principales questions qui se font ordinairement sur chaque chose qu'il importe de connoistre, & qui ouurent merueilleusement l'esprit de ceux qui semblent estre les plus stupides & les plus steriles, qui sont,

Est-elle ?

Qu'est-elle ?

Quelle est-elle ?

Combien grande est-elle?

Et qui répondent aux quatre semblables Caracteres des demandes latines, qui sont,

An res sit ?

Quid res sit ?

Qualis res sit ?

Quanta res sit ?

Ces quatre premieres Questions ne donnent pas seulement

ment

ment de l'esprit, c'est à dire des
pensées à ceux qui en ont le
moins, & qui semblent estre
les plus steriles & les plus stupides, en faisant venir à propos & sans peine les plus belles idées du suiet les plus
riches & les plus curieuses remarques de la lecture : mais
elles fournissent encore vne si
belle economie & vne disposition si iuste & si naturelle
qu'elle soulage également la
memoire & de celuy qui parle
& de ceux qui écoutent, *ainsi
qu'il se peut voir dans nostre Rhetorique du sens commun.*

En effet la question qui se
fait naturellement, c'est à dire,
par le sens-commun, & le premier mouuement de nostre
curiosité est de sçauoir l'Estat
de la chose, si elle est ainsi

qu'on la propose, où si elle est
d'vne autre maniere.

Cette premiere question
qu'on appelle vulgairement
Dubitatiue, regarde ou l'vne
des trois especes du temps.

Le Passé.

Le Present.

Le Futur.

Qui apparriennent aux choses contingentes, pour sçauoir
si la chose a esté, si elle est, ou
si elle peut-estre, où les trois
especes conjoinctement qui
regardent les choses necessaire, & qui ne se changent jamais.

Et apres que nous sommes
instruis & conuaincus de son
existence, où passée, où presente, où future; la deuxiesme
démarche de nostre curiosité
est celle de l'essence où de la

nature du ſuiet, & de demander ce que c'eſt que l'action
dont il s'agit.

La troiſieſme demande re-
garde les qualitez où les caracteres de la choſe dont il s'a-
git, qui la rendent conſiderable, qui ne peuuent eſtre dé-
couuertes que par la connoiſſance de la nature du ſuiet, qui
ne peut eſtre definy que par la
certitude de ſon exiſtence, qui
fait voir l'efficace des cauſes
qui l'ont produit.

Enfin on parle de l'eſtenduë
du ſuiet qui donne du iour aux
trois conſiderations precedentes, qui ne ſont ou plus ou
moins conſiderables, que par
ce qu'elles ſont ou plus ou
moins importantes, plus ou
moins glorieuſes, ou infaman-
tes, plaiſantes ou faſcheuſes,

vtiles ou nuisibles, necessaires ou indifferentes.

CHAPITRE IX.

De la Cause coniecturale en general.

LA Cause conjecturale ou
du doute, qu'on appelle
Dubitatiue, qui est proprement
la Cause du fait, est vne chose,
vn sujet, vne actiõ, vn fait, dans
lequel, ou au regard duquel
on doute de quelque chose,
non pas, de toute la chose,
comme font les Philosophes,
qui doute de l'existence de
toute la chose, comme s'il y a
vn Phœnix ; mais seulement
de quelques vnes des circonstances de la chose, ou du fait

dont il s'agit; comme s'il s'a-
git d'vn homicide, d'vn incen-
die : dans cette cause conjecturale on ne doute pas que
Claudius ait esté assassiné, &
qu'il y ait vn meurtre, ny non
plus que le Temple d'Ephese
ait esté ambrasé, puis que le
cadaure nous montre l'vn, &
que les cendres de l'autre nous
empeschent d'en douter : mais
on doute de l'assassin, & on demande si c'est Milon qui l'a
massacré : & on sçait assez que
le Temple de Diane est en
feu ; mais on ne sçait pas si c'est
Eratostrate qui est l'incendiai-
re, ou quelqu'autre, & ainsi
des autres circonstances.

Et ainsi la question, le different, la cause, la controuerse,
& la question est de *sçauoir* si
Titius a commis vn tel crime,

ou non? Le *Demandeur* ou le
Complaignant, dit vous l'auez
mis à mort, & l'Accusé sou-
stient le contraire, & c'est là
la cause de fait.

La Cause conjecturale est
ainsi nommée, à cause de la
conjecture, & que la conjecture est cette action de l'esprit,
par laquelle nous portons nos
pensées sur toutes les circonstances d'vn fait, pour découurir si quelques vnes, & prin-
palement les impulsiues & les
efficientes que nous soupçon-
nons, n'ont point assez de rapport auec l'action pour les y
joindre, & ainsi passer de la
simple conjecture à la conjoncture des Causes efficientes
auec le fait, de l'vne des pirnci-
pales circonstances duquel on
n'est pas plainement informé.

Quoy que la cause conjĉtu-
rale regarde principalement
les actions criminelles, & que
les trois autres Estats regardent également toutes sortes
d'actions, ainsi que nous le
verrons en son lieu, le succez
dans cette sorte de cause, soit
dans l'accusation, soit dans la
deffense, ne laisse pas de
donner beaucoup d'admira-
tion aux Auditeurs, beaucoup
de joye, ou beaucoup de douleur aux Parties, & d'acquerir
beaucoup de reputation, &
beaucoup de gloire aux Aduocats qui sçaueut bien ma-
nier ces sortes de causes ou de
viué voix, ou par écrit, à cause qu'ils y font paroistre beaucoup d'esprit, de mesme que
dans les autres Causes, ils pa-
roissent ou grands Critiques,

pour les definitions , lors que
les expreſſions , ou que les rai-
ſonnemens des Teſtateurs
ſont obſcures & ambarraſſées,
ou de grands Iuriſconſultes,
quand il s'agit , ou de l'eſprit,
ou de la force de la Loy , ou
de l'interpretation qu'elle demande pour répondre à la
penſée du Legiſlateur , & pour
quadrer au fait dont il s'agit.
Si la Sagacité & la Perſpicacité
qu'on peut nommer la Clair-
voyance , qui font le triomphe
de l'Eloquence deliberatiue
dans les negociations ſont propres pour penetrer dans le futur , ces deux meſmes Vertus
qui dependent de la Prudence , & qu'on peut appeller les
deux flambeaux des actions
humaines , ne laiſſent pas de
donner de grandes lumieres

aux Aduocats qui deffendent
ou qui accusent, en les faisant,
pour ainsi dire, retrograder sur
les actions ciuiles ou criminelles, dont ils se sont chargez ;
les vns pour donner quelque
couleur d'innocence au Criminel, afin d'émouuoir la compassion des Iuges ; & les autres
en penetrant dans le plus secret du cœur des Criminels,
pour faire voir la grandeur du
crime, & l'vtilité de la punition, afin d'exciter la rigueur
de la Iustice.

CHAPITRE X

De la Cause Definitiue, en general.

LA Cause definitiue est vn fait dans lequel il ne s'agit d'aucune circonstance, dont on ne conuient pas, elles y sont toutes, & tres sensiblement deduites & exprimées, l'agent, le lieu, le temps, la maniere, les adjoins, & la fin; mais de la nature, ou de l'essence de la chose mesme, & du fait dont il s'agit; comme dans le Testament de Titius, qui a legué tout son argent à Meuius, il ne s'agit pas de sçauoir s'il a legué en faueur de Titius, à Paris où à Roüen, dans quelle conioncture de temps, & à quelle intention? Mais il s'agit de sçauoir qu'elle est la nature de cét argent, ce que signifie cette parole *Argent*, & ce qu'il faut entendre par ce mot, où l'argent en espece qui est dans ses coffres, ou celuy qui luy est deub, ou qu'on luy donne par vn autre Testament, où celuy qui est en barre, où celuy qui est en vstensiles de ménage, vaisselle, &c. Cette espece de cause s'appelle Definitiue, à cause qu'elle doit estre traittée par la definition, de mesme que la Conjecturale, par la Conjecture, & il n'est rien de plus éuident. En effet, le nœud de la difficulté consiste à sçauoir la volonté du Testateur, qui est obscurcie par l'obscurité de l'expression, qui n'est pas nette, mais ambarras-

santé. On ignore la nature &
l'essence de la volonté du Testateur, par ce qu'on ignore la
nature & l'essence de son expression. Le terme dont les
Logiciens se seruent pour découurir, pour marquer, & pour
dégager l'essence de quelque
chose qui nous paroist obscu-
re, c'est la Definition, où la
description, qui est vn acte de
la raison qui renferme dans de
certaines bornes toutes les
conditions qui establissent la
nature de quelque chose, comme si on demande ce que c'est
que la Seigneurie & la Seruitude? On répond que c'est *la
Dependance & le rapport qui se
trouue entre deux personnes, celle
qui commande, & celle qui
obeit; & que la liberté est l'E-
stat où la condition dans laquelle*

nous faisons ce qui nous plaist.
La Definition réelle où nomi-
nale comprenant les conue-
nances de la chose definie auec
toutes les autres, & les differences qui l'en separent, on a
fuiet de dire qu'elle découure
l'essence de chaque chose, &
c'est pour cette raison que les
Maistres de l Eloquence judiciaire appellent ces sortes de
causes *Definitiues*, à cause que
pour estre bien traittées elles
n'ŏt besoin que de la seule definition. Et c'est dans ces sortes
de causes que les Aduocats
qui sont Linguistes, Scholasti-
ques, Critiques & Logiciens,
font paroistre l'excellence de
leur esprit, de leur érudition, &
de leur suffisance. Mais pour
se rendre dignes de toute la
gloire que merite vne sçauan-

te Critique, il ne faut pas qu'ils
s'arrestent dans les simples,
idées de la Grammaire, mais il
faut qu'ils s'en seruent inge-
nieusement, pour passer à quelque belle côsideration de Morale, de Politique, d'Economie,
qui fournissent les plus belles
speculations du monde, selon
la nature des choses qui se
trouuent dans la cause.

CHAPITRE XI.

De la Cause juridique, ou qualifiée en general.

LA Cause judiciaire, juridique, ou qualifiée est vn different dans lequel il ne s'agit que des simples qualitez, & principalement de la Iustice & du droit, qui fait que la demande ou la plainte est juste & raisonnable, & qu'il y a lieu d'intenter vn procez par deuant le Iuge. La Coniecture n'y a point de lieu, on ne doute d'aucune circonstance : il n'est pas non plus necessaire d'y employer la Definition, la Cause n'a point d'obscurité dans ses expressions qui fasse la

moindre obſcurité du monde,
il ne s'y agit que de ſçauoir
ſi elle eſt conforme aux Loix,
aux Ordonnances, & aux
Couſtumes. Et ſi le Defendeur
au contraire, à lieu de ſe deffendre raiſonnablement, &
s'il y a quelques Loix & quelques Arreſts qui fauoriſent &
qui appuyent ſa deffenſe comme il ſe voit dans la cauſe de
Claudius & de Milon. Les
Parens & les Amis de Claudius accuſent Milon de l'homicide, & ſouſtiennent qu'il
a aſſaſſiné Claudius, ils demandent ſa punition. Et Milon,
au contraire, dit qu'il n'eſt point
l'homicide de Claudius, qu'il ne
l'a point aſſaſſiné, qu'il eſt bien
vray qu'il l'a tué, mais que c'eſt
en ſe deffendant de Claudius qui
le vouloit aſſaſſiner, & ſe deffaire

de luy. La simple question qui
se trouue là dessus, est de sçauoir si *Milon a bien tué Claudius*
en repoussant la force par la force,
ou au contraire, *s'il l'a tué de*
guet a-pent, comme on parle?
Et *si les parens & amis de Clau-*
dius, au contraire, *ont droit de*
se plaindre, si leur Requeste est
juridique. & s'ils ont droit de la
presenter? Il faut faire le mesme
jugement des autres Causes,
& ciuiles & criminelles, où il
ne s'agit que du droit, comme
de sçauoir, si *Titius pouuoit te-*
ster, & faire des legs dans l'estat
où il se trouuoit? Si Meuius pou-
uoit exhereder Sempronius son pe-
tit fils.

Si l'industrie de l'Aduocat
fait paroistre son esprit, son
addresse, & sa conduite dans
la Cause conjecturale; & son

erudition, sa subtilité, & sa
litterature, dans la cause definitiue; dans la cause juridique
ou qualifiée, il montre la force
de la raison, le fonds de la sa-
gesse humaiue, les richesses de
la Iurisprudence, & les curio-
sitez de l'Histoire. C'est dans
cette cause qu'il est l'interpre-
te des Loix & Legislateur en
mesme temps, & que faisant
la fonction d'Aduocat, & de
Iuge, & de Souuerain, il dis-
pose selon l'esprit de la Loy,
des biens, de la vie, & de l'honneur des Parties qu'il deffend, ou qu'il accuse, puis
qu'il est veritable que les Iuges ne voyent que par ses
yeux, qu'ils n'ont point d'autres lumieres, ou du droit, ou
du fait, que celles qu'il leur
donne, & que c'est luy, dans

cette veuë qui conçoit les Arrests, qui les digere, qui les
forme, & qui les pronon-
ce. C'est dans ces sortes de
causes qu'il est vn veritable
Aduocat : on ne l'appelle à
son secours que dans les questions de droit, il n'y a que
luy qui l'entende, les Parties
n'ont pas assez de sçauoir, ny
assez de force pour penetrer
dans les abysmes de la Iurisprudence, & la moindre Antinomie ou contrarieté de
Loix est capable de les perdre
& de les faire renoncer à leurs
propres interests.

CHAPITRE XII.

De la Cause de la Grandeur du Droit, ou du Faict.

LA quatriesme Cause est le different dans lequel il s'agit seulement de la grandeur du droit, ou du faict & de sçauoir, *si Titius a plus de droit que Meuius, & si le procedé de Sempronius est plus ou moins iniurieux que celuy d' Marius?*

Cette quatriesme espece ou branche de la Cause prise en general est mise au nombre des trois precedentes, mais ie ne voy pas qu'elle soit assez differente de la troisiéme, dont nous venons de parler, pour en

faire vne à part, & tout à fait
differente, puis qu'il est con-
stant que le *plus* & le *moins*,
dans chaque chose n'en change jamais la nature, & ie puis
dire qu'elle n'est qu'vne suite
& vne dependance des trois
precedentes, & principalement de la troisiesme qui est
celle de la qualité.

CHAPITRE XIII.

De la Cause composée.

COmme ces quatre causes se meslent & se confondent ordinairement les vnes auec les autres, & qu'il est presque impossible de trouuer vne cause de quelque importance, ou de qualité qui soit dégagée des trois autres, ou de conjecture, ou de definition, ou de quantité ; la necessité & l'vsage nous force d'en reconnoistre & d'en admettre vne cinquiesme, qui est composée des quatre precedentes.

Puis que la cause composée dépend en toutes manieres des causes simples, il n'est pas neces-

faire de faire beaucoup de dif-
cours pour la faire connoiſtre;
la connoiſſance de ce qui eſt
ſimple fait celle de ce qui eſt
compoſé, & il ſuffit de dire
que les cauſes compoſées &
meſlées de toutes ou de quelques vnes des precedentes eſt
la plus frequente & la plus ordinaire, eſtant tres-difficile de
trouuer vne grande cauſe ou
il ne faille ou conjecturer, où
definir, ou deffendre le droit,
ou montrer l'importance du
faict, & on juge aſſez que les
termes dont ſe ſeruent les Aduocats pour traiter les ſimples
cauſes, ſont les meſmes qu'ils
employent dans la deffenſe de
celles qui ſont compoſées.
C'eſt pourquoy nous n'en par-
lerons pas dauantage, & fini-
rons ce Traitté par la conſide-

ration des vtilitez & des aduantages qui viennent des Topiques judiciaires, ou accom-
modées à l'vsage du Palais.

CHAPITRE XIV.

Des aduantages de l'artifice du Plaidoyé.

LEs aduantages qui resul-
tent de la connoissance
des causes & de l'vsage des
Topiques, ainsi que nous le
verrons en son lieu, regardent
quatre sortes de Personnes qui
s'interressent dans les belles
Causes.

Les Aduocats.
Les Iuges.
Les Parties.
Les Curieux.

Les

Les Aduocats qui sont ap-
pellez à démesler le droict des
Parties, pour en instruire la
Religion des Iuges, sont les
premiers qui en tirent de tres-
grands aduantages.

1. Par ce qu'ils categorisent
leur cause, & qu'ils l'a rédui-
sent à son ordre, à son genre,
ou à sa famille & communau-
té, sans laquelle connoissance
du genre, comme du principe,
il est tout à fait impossible de
discourir raisonnablement, le
genre estant comme le rendez-vous de toutes les pensées
ou elles se rapportent, ainsi
que des lignes à leur centre.

2. Par ce qu'ils peuuent reduire facilement à leur genre
comme à leur chef, toutes les
preuues qui sont répanduës &
confuses dans les pieces du

procez qui en font l'inſtructió.

3. Par ce que parcourant les Topiques, ou les lieux de chaque eſpece de cauſe, ils peuuent voir comme en vn clein-d'œil toutes les conſiderations qui ont eſté obmiſes dans l'inſtruction de la cauſe, qui doiuent eſtre employées dans la demande, ou dans la deffenſe, qu'ils demandent à leur Partie, & à la Partie aduerſe, qu'ils apoſtrophent, & qu'ils interrogent pour cét effet, & qu ils font répondre comme il leur plaiſt, & principalement dans le criminel.

4. Par ce qu'ils peuuent découurir quelles ſeront les preuues qui ſeront employées contr'eux, qu'ils éludent dans leur plaidoyé par la preuention, ou qu ils reſeruent pour la repli-

que, le chef-d'œuure de l'E-
loquence.

5. Par ce que dans ce mo-
ment par vn effort de la remi-
nifcence, la memoire leur
fournit le plus à propos du
monde toutes les belles chofes
qu'ils ont leuës, qui font au
fuiet, & qu'ils vont prendre
dans le magafin de leur lecture, qu'ils appellent lieux-com-
muns, qui eft le recueil de toutes les plus belles remarques
qu'ils ont faites, & qu'ils trouuent dans vn moment, fi elles
font recuillies de la maniere
que noûs l'enfeignons dans
noftre Art ou maniere de lire
les Autheurs, de faire des remarques, & de les mettre dans
vn magafin, à la mode des
abeilles & des fourmis qui ont
aufli leurs petits repertoires.

6. Parce que les ayant réduites à ce peu de paroles qui ne se peuuent oublier, leur memoire n'en estant point chargée, ny incommodée, elle les leur fournit à point-nommé le plus fidellement & le plus agreablement du monde.

Enfin parce que suiuant ces routes ou ces preceptes, leurs meditations sont faciles, & qu'ils nont jamais de chagrin ny d'inquietude quand ils vont quand ils sont, ou quand ils sortent de leur étude, & qu'ils ne portent point au Palais de visage de cacochimes, de bourrus, & de phantasques, ils declament leurs Plaidoyez auec toutes les graces de l'Eloquence; ce qui leur donne vne satisfaction qui ne se peut dire

& qui fait leur souueraine feli-
cité.

Les Iuges en suite sont ceux
qui reçoiuent les aduantages
& les fruits de l'artifice du
Plaidoyè.

1. Par ce qu'ils ont beaucoup de plaisir d'entendre vn
Aduocat qui a tous les aduantages de la parole qu'il accom-
pagne de tous les ornemens.

2. Par ce qu'ils admirent
leur maniere de debarrasser les
causes les plus embroüillées &
les plus ambarrassantes, qu'ils
leur font paroistre d'autant
plus belles & plus justes qu'au-
parauant, elles leur sembloient
odieuses & iniustes.

3. Par ce que dans les enrichissemens de leurs Plaidoyez
ils leur rafraichissent la memoire de mille & mille belles

chofes qu'ils ont apprifes, &
aufquelles ils ne penferoient
pas.

Enfin par ce qu'ils digerent
& decouurent fi bien les raifons decifiues de la caufe, &
ils y adjoutent fi ingenieufement les Loix & les Arrefts
qu'ils n'ont pas beaucoup de
peine à conceuoir la Sentence
ou l'Arreft, ny non plus à le
prononcer.

Les Parties auffi font rauies,
chacune à fon tour, d'oüir
leur Aduocat qui déduit fi
ingenieufement leur caufe,
leur droit, & leurs raifons
qu'ils fe difent à eux-mefmes,
qu'ils entendent mieux leur
caufe qu'eux-mefmes, qu'ils
augmentent leur droit, qu'ils
multiplient leurs raifons, qu'ils
fortifient leur caufe, & qu'ils

la rendent plus juste.

Enfin les Curieux qui rendent ordinairement les Audiances nombreuses & affluentes y trouuent tous les aduantages imaginables.

Les Grammairiens y trouuent les belles paroles, les belles periodes, & le beau tour.

Les Logiciens y entendent les belles demonstrations de la Iurisprudence.

Les Dialecticiens y remarquent le balancement de l'esprit dans la diuersité des sentimens qu'ils exposent & qu'ils excitent.

Les Visionnaires qui se plaisent à la feinte, & aux choses bien imaginées, y decouurent ce que la poësie & la fixion à de plus charmant.

Ceux qui se laissent charmer aux transports de l'Eloquence ont de l'admiration pour la beauté de leurs desseins, & pour la grace de leur figures.

Les Theologiens y remarquent les plus belles meditations des Peres sur l'Escriture Sainte, employées à la deffense de la Iustice, & mises dans vn autre iour que celles que leur donnent les Predicateurs.

Les Medecins s'estonnent d'y voir les belles allusions qu'ils font à leur profession, les lumieres & les secours que la Iurisprudence tire de la Medecine.

Les Iurisconsultes sont rauis de voir les Loix dans leur force & dans leur vsage qui leur semblent infiniment plus

belles que dans leur Code &
leur Digeste, & comme des
Diamans qui sont mis en œuure.

Les Metaphysiciens sont bien
aises d'y entendre de quelle
sorte ils accommodent aux
faits & aux cas particuliers ces
grandes maximes de la specu-
latiue, & de quelle sorte ils
reduisent en pratique ce qu'ils
ne croyent pas estre de l'vsage.

Et les Mathematiciens y sont
agreablement surpris, lors que
dans l'exageration de quelque
action d'vne assez grande importance, ils en considerent
toutes les dimensions, la hau-
teur, la longueur, la largeur,
& la profondeur.

Les Politiques à leur tour,
sont bien aises de voir leurs in-

D v

terests entre les mains des Aduocats , & de reconnoistre
qu'ils ne sont point si esleués
au dessus des autres , qu'ils
n'ayent besoin du secours de
l'Eloquence judiciaire.

Enfin tout ce qu'il y a de
gens dans la societé ciuile sont
rauis d'y entendre parler de
leur métier, & les Nobles &
les Mechaniciens, & de pouuoir tous, par vn peu de memoire à la faueur d'vne belle
methode, rapporter ce qui
leur a paru de plus beau dans
le plaidoyé, & d'en faire part
à ceux qui ne s'y sont pas
trouuez.

CHAPITRE XV.

De la Cause conjecturale en Particulier.

TOutes les choses, les matieres, les pensées, ou les considerations & les preuues qui appartiennent à la Cause conjecturale, quelles qu'elles puissent estre, se reduisent aux quatre principaux chefs suiuants, qui sont,

La Volonté.

La Puissance.

Les Signes.

Les Tesmoignages.

Pour peu quon se serue du simple sens-commun, il est aisé de voir qu'il n'y a point de cause pour peu qu'elle soit complete

qui ne suppose ces quatre caracteres qui la font estre l'a-
ction d'vn tel, selon qu'elles
s'accommodent mieux à la
personne qu'on en soupçonne;
& quand l'vne de ces quatre
circonstances manque, on a
quelque raison de croire qu'elle n'est pas l'action d'vn tel ou
d'vn tel, & soit qu'on adjoûte
au fait l'vne de ces circonstances, ou qu'on l'en retranche, on
change le fait, & on luy donne vne autre face, & la
ressemblance de ce qu'on veut
qu'elle soit, ou qu'elle ne soit
pas, & c'est ce qu'on dit parmy les Orateurs, colorer vn
fait, ou luy donner la couleur;
c'est à dire luy donner la suite,
les adjoints, ou les liurées, &
les marques du fait que nous
desirons, ou pour mieux dire,

que nous donnons à celuy , ou
que nous accusons , ou que
nous deffendons , comme nous
le verrons dans la suite.

Par la connoissance des
choses naturelles que nous ti-
rons de la Physique , nous sçauons ce que c'est que la volonté , & ce que nous appellons
la pente , l'emportement , le
consentement , & le vouloir;
& par la Morale qui nous donne la connoissance generale
des actions humaines , nous
sçauons ce que c'est que le Volontaire , la contrainte , & l'i-
gnorance morale : c'est à dire ,
que le jeune Aduocat qui n'a
pas ces premieres connoissances les doit emprunter de ces
sciences qui viennent au secours de la Iurisprudence, dans
la deffense des Causes & de

l'Eloquence du Palais qui les met en vsage par le ministere des Aduocats qui plaident, ou qui écriuent.

L'Aduocat doit exactement obseruer l'ordre de ces quatre Topiques dans l'Economie de la meditation & de la compo-sition d'vn Plaidoyé de Cause conjecturale, pour la plus par-faite disposition de ses preuues & de ses demonstrations judi-ciaires.

La volonté est la principale, & quand l'Aduocat l'a con-uaincuë, il peut dire qu'il a donné vn grand bransle à la Sentence, au Iugement, ou à l'Arrest qu'il se propose & qu'il demande.

La Puissance, ou la faculté d'executer quelque dessein est la moindre dans cét ordre, ou

au regard de la volonté, quoy
qu'elle fourniſſe vn puiſſant
ſecours à l'Aduocat qui accuſe
ou qui deffend, & que ſans elle
la volonté eſt ſans action, ſans
force, ſans effet, & ſans mouuement : comme au contraire
auec elle, elle eſt tout à fait
ou criminelle ou loüable ſelon
qu'elle ſe porte à vne bonne ou
à vne mauuaiſe fin, par le dé-
reglement de la paſſion, qui
eſt la partie baſſe & animale.

Les Circonſtances ont moins
de force, & les preuues conjecturales qui s'en tirent ſont
moins receuables que celles
qui ſe tirent de la volonté &
de la puiſſance ; mais elles
ſont auſſi plus aduantageu-
ſes & plus efficaces que celles qui viennent des teſmoi-
gnages.

Les Preuues conjecturales
qui se tirent des resmoignages
sont les moindres de toutes;
mais estant nombreuses, &
jointes auec les trois precedentes, elles ont souuent fait tirer les lumieres de la verité des
faits les plus obscurs, & fait
auoüer le crime ou le simple
fait à des accusez qui ne pouuoient resister aux atteintes de
leur conscience & de la verité
qui les sollicitoient puissam-
ment à decouurir à la Iustice
la verité qu'elle vouloit connoistre.

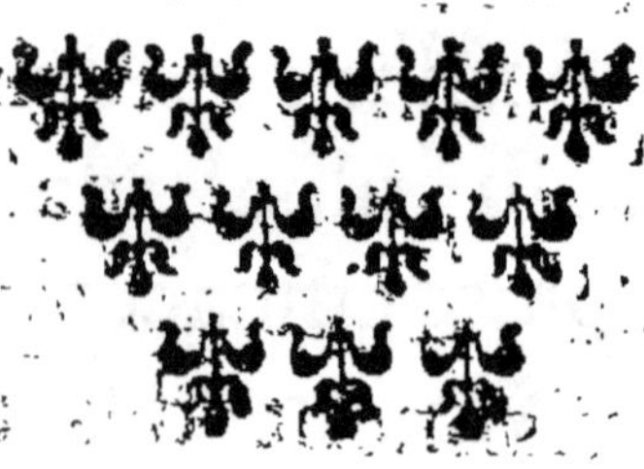

CHAPITRE XVI.

De la maniere de connoistre la volonté en general.

QVelque interieure & ca-
chée que puisse estre la
volonté & quelque industrie
que puissent employer les Personnes qui se sentent criminelles, ou justement accusées, &
qu'on a droit de soupçonner,
il est facile de la decouurir par
vn autre artifice, ou du moins
de se fournir des pensées qui
puissent fournir la matiere
d'vn plaidoyé dans vne Cause
conjecturale.

La volonté, ou pour mieux
dire le volontaire & l'inuolontaire de la Personne que nous

croyons auoir droit de foup-
çonner & d'accufer, fe peut découurir en diuerfes manieres
generales, par ce qu'il eft con-
ftant que comme les feüilles,
les fleurs, & les fruits qui font
les ouurages de la nature ont
leurs accidens & leurs adjoins
qui les diftinguent les vns d'a-
uec les autres, comme font la
figure, la couleur, l'odeur, la
faueur ; ainfi les actions ciuiles, humaines, ou volontaires, qui font les effets de la
morale, ou de la volonté ont
leurs accidens, & leurs circonftances qui les établiffent dans
leur ordre: & comme la couleur, la faueur, l'odeur & la figure font qu'vne orange eft
vne orange, & non pas vn ci-
tron, la hardieffe, la fecurité,
le profit, l habitude, l'occa-

fion, l'humeur dominante, &
la violence injurieufe font des
adjoints, ou des dependances
qui font qu'vne action eft criminelle ou loüable, qu'elle eft
vn tel vol, vn tel rap, ou vn
tel aſſaſſinat, ou au contraire;
& ces apparences des actions
ciuiles, en cét endroit, ſe re-
duiſent à deux principales, qui
font :

Les Signes.
Les Cauſes.

Qui comprennent toutes les
autres.

CHAPITRE XVII.

De la maniere de connoiſtre la volonté par les ſimples ſignes.

LEs Signes, ou les marques qui nous font ſoupçonner vne perſonne pluſtoſt qu'vne autre, ſont de deux ſortes, à ſçauoir,

Les Qualitez.
Les Faits.

Par les Qualitez naturelles en cét endroit, nous entendons principalement les quatre ſuiuantes qui regardent la naiſſance, qui ſont:

Le Païs.
La Famille.
Le Sexe.

L'Education.

Ces adjoins fourniſſent, ou pour ou côtre, vn grand nôbre de conſiderations curieuſes & preſſantes à ceux qui ſçauent l'Aſtrologie, & qui connoiſ-ſent la puiſſance des Aſtres ſur les corps, la diuerſité des Cly-mats & des ſimples, l'hiſtoire des familles, & la Phyſio-nomie, pour faire le diſcer-nement des ſentimens maſcu-lins & feminins, & la Pedago-gie, pour parler de la maniere d'eleuer les enfans.

Par les faits nous deuons en-tendre toutes les actions & toutes les paroles les plus re-marquables que la perſonne ſoupçonnée a fait & dit juſ-qu'à celle de l'accuſation dans quelque eſtat qu'elle ſe ſoit trouuée, ou comme perſonne priuée, ou comme personne publique.

Il n'y a que l'experience & vn peu de reflexion qui fasse voir l'abondance des pensées ou *pour* ou *contre*, qui nous viennent par le secours de ces Topiques, ou de l'histoire ; qui suppose la lecture, ou de la seule imagination, c'est à dire de la fixion.

CHAPITRE XVIII.

Des Causes du Volontaire.

LEs Causes du volontaire, en cét endroit, ou toutes les choses qui sont capables d'émouuoir la volonté, se reduisent à deux especes.

Les vnes font naturelles.

Les Autres font morales.

Les chofes qui meuuent na-
turelement la volonté, & fans
la participation de la raifon,
qu'on appelle les caufes naturelles impulfiues de la volonté,
& qui la meuuent à peu prés
comme les voiles meuuent le
vaiffeau, font les paffions, ou
pour mieux dire les affections
& les changemens dont la partie fenfitiue eft capable, qui
font ordinairement,

L'Amour & la Haine.

La Ioye & la Douleur.

La Douceur & la Colere.

La Compaffion & l'Indi-
gnation.

L'Enuie & l'Emulation,
&c.

Eftant vray-femblable que
nous procurons volontiers du

bien à ceux que nous aimons, & du mal à ceux que nous haïssons; que nous conceuons de la ioye des choses qui nous sont auantageuses, ou a nos amis, & au contraire du deplaisir de celles qui nous sont fâcheuses, ou à ceux que nous cherissons.

Il faut faire le mesme iugement des autres affections de la sensibilité qui sont capables d'émouuoir naturellement la volonté, quoy qu'indirectement.

Les choses morales qui meuuent la volonté, en fauorisant les affections, & qu'on appelle les causes impulsiues de la volonté, morales, ou raisonnées, à cause qu'elles supposent les lumieres de la raison, & qu'elles en sont les suites &

les

les effets ou la fin se reduisent, ordinairement à ces cinq
principales :

La Dissimulation.

L'Impunité.

La Gloire.

Les Commoditez.

Les Aduantages.

Par la Dissimulation, il faut
entendre la confiance, ou du
moins l'esperance de couurir
& de deguiser cette action,
ainsi qu'õ en a celé ou déguisé
d'autres qui n'ont point écla-
té, ou du moins qui ont paru
moins énormes & moins criminelles.

Par l'Impunité nous deuons
entendre la confiance qu'auoit
la personne soupçonnée dans
le bon-heur, dans la faueur,
dans le pouuoir de ses amis,
de ses aliez, dans son credit, &

dans les artifices de sa propre
Eloquence.

Par la Gloire ou par l'honneur nous deuons entendre
vne certaine bien-seance que
fait ordinairement l'éclat de
la condition, ou de la profession des personnes qu'on soupçonne, & qu'on presume auoir
agy, telle qu'est la brauoure
aux gens d'épée.

Par la Commodité nous de-
uons entendre la rencontre de
toutes les choses qui peuuent
ayder à l'execution de quelqu'entreprise, & à l'éloigne-
ment de celles qui peuuent
nuire.

Par les Aduantages, nous
entendons toutes les choses
que nous nous proposons,
comme le terme de nos desirs,
les richesses, les honneurs, &c.

Toutes ces considerations
estant judicieusement rappor-
tées & compassées à la condition, à l'estat, & à l'humeur
dominante de la Personne
soupçonnée, elles fournissent
vn nombre infiny de pensées
qui sont du sujet, ou qui s'y
rapportent, comme les histoi-
res & les exemples.

CHAPITRE XIX.

De la Puissance de commettre quelque action.

LA Puissance, ou la faculté de commettre quelque action, qui fauorise la volonté, & qui nous decouure le mouuement de la volonté qu'on appelle le Volontaire, se tire de deux endroits, qui sont :

La Personne qu'on soupçonne.

L'Action mesme.

La Puissance qui vient de la Personne qui a peu agir, & qu'on soupçonne, se tire de trois sortes d'adjoins de la perfonne, qui font:

Les Biens de l'Ame.

Les Biens du Corps.

Les Biens de la Fortune.

Par les Biens de l'Ame, de l'efprit, ou de la raifon, nous deuons entendre les principales qualitez naturelles ou aquifes, qui nous font agir auec plus de facilité, de feureté, & de conduite, comme font,

La Prudence.

La Viuacité.

L'Induftrie.

L'Experience.

L'Habitude, &c.

Par les Biens du corps, nous deuons entendre les qualitez naturelles & aquifes qui facilitent l'action, comme font:

La Taille.

La Force.

La Vigueur.

L'Age.

L'Adreſſe.

La Couſtume, &c.

Par les Biens de la Fortune, nous deuons entendre toutes les choſes exterieures á la Perſonne ſoupçonnée, qui contribuent beaucoup à vne action, comme ſont :

Les Richeſſes.

La Dignité.

Les Amis.

Les Aliez.

Les Apoſtez, &c.

Outre que ces trois Topiques ouurent vne ample carriere à l'Eloquence, elles ſeruent merueilleuſement a découurir le Volontaire, puis qu'en effet il n'eſt rien qui flate dauantage la volonté que la preſence des choſes qui en facilitent le mouuement.

La Connoiſſance des choſes
qui ont meu la volonté, que
nous pouuons tirer de la choſe
meſme, du fait, ou de l'action,
ſe reduit à trois principales choſes, qui ſont:

Le Lieu.
Le Temps.
L'Occaſion.

Par le Lieu, nous deuons
entendre deux choſes principales, qui ſont:

1. L'Endroit ou l'action s'eſt
paſſée, & ou la choſe s'eſt faite, comme ſont:

Le Feu.
L'Air.
L'Eau.
La Terrre.
Le Bois.
Le Riuage.
La Campagne, &c.
2. Les Adjoints, ou les ac-

cidens du lieu, comme sont.

Public ou Priué.

Saint ou Prophane.

Frequenté ou Desert.

Connu ou Secret, &c.

Par le Temps nous deuons entendre l'vne des choses suiuantes, qui sont:

Le Moment.

L'Heure.

Le Iour.

La Semaine.

Le Mois.

L'Année.

Le Siecle.

Le Reigne, &c.

Par l'Occasion, ou le motif nous deuons entendre la commodité du temps, la conjoncture, ou la rencontre des choses qui le rendent fauorable, comme sont,

La Lumiere,

Les Tenebres.
La Paix.
La Guerre.
La Peste.
La Famine.
La Pompe, &c.

Toutes ces considerations tirées de ces trois Topiques, fournissent vn grand nombre de pensées, soit dans la perquisition, dans l'accusation, ou dans la deffense.

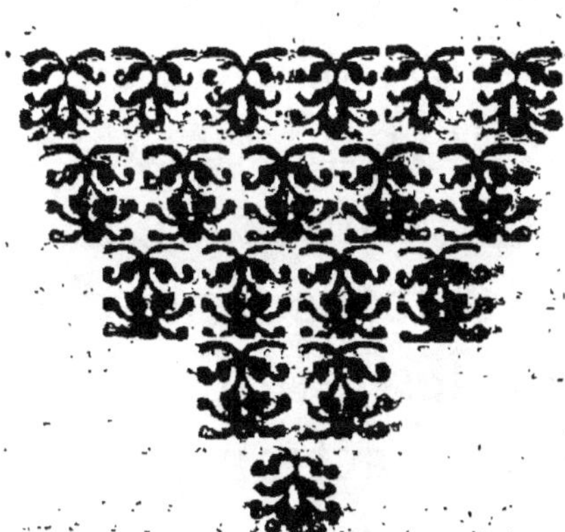

CHAPITRE XX.

De la Connoiſſance du Volontaire, par les Circonſtances.

LEs Circonſtances, ou les accidens qui enuironnent ou qui ſpecifient vne action, ſont de trois ſortes.

Celles qui precedent.
Celles qui accompagnent.
Celles qui ſuiuent.

Les Antecedens, c'eſt à dire, toutes les choſes qui precedent vne action, & qui ont quelque rapport auec elle, ſont celles qui ſuiuent ſelon la diuerſité des faits qui ſe preſentent.

La Cause.

L'Authorité.

Le Credit.

Le Conseil.

Les Aduis.

La Façon.

Les Paroles.

Les Pourparlers.

L'Habitude.

Les Débauches.

Les Injures.

Les Menaces.

Les Promesses.

Les Preparatifs.

Le Voyage.

Et vne infinité d'autres Antecedens que les démeslez & les affaires fournissent à ceux qui s'instruisent de quelque fait, & sur tout dans les causes criminelles.

Les Concomitans du fait, ou de l'action, sont tous les

adjoins, ou tous les accidens qui l accompagnent, mais auec quelque dependance qu'õ appelle les Connexes & les Contemporains du fait, & qui en sont les veritables circonstances, sont ceux qui suiuent.

Le lieu comme la Campagne.

Le Temps comme la nuit.

L'Occasion, pendant l'Orage.

La Maniere, par Conseil.

L'Intention, comme la vangeance.

Le Secours, comme la compagnie.

Les Moyens, comme les Armes.

La Voix.

Le Bruit des Armes.

La Plainte.

La Violence.

Les Bleſſures.

La Mort.

Et pluſieurs autres encore que la fecondité des ſujets fourniſſent à ceux qui eſtudient les actions ciuiles ou criminelles pour les découurir.

Les Subſequens, ou les Conſequens d'vne action morale ſont toutes les choſes qui les ſuiuent, mais auec quelque dependance, comme ſont,

La Loüange.

Le Blâme.

L'Honneur.

L'Infamie.

La Palleur.

La Rougeur.

La Palpitation.

Le Tremblement.

Le Saiſiſſement.

Les Taſches de ſang.

La Fuite.

Les Armes sur le lieu.
Le Retour precipité.
La Persecution.

Et plusieurs autres subse-
quens qui nous deuiennent
familiers par l'exercice.

CHAPITRE XXI.

De la Connoissance, ou des preuues du Volontaire par les Tesmoignages.

LEs Preuues, ou la con-
noissance du Volontaire
par les Tesmoignages, sont de
trois sortes,

Celles de la Parole.
Celles de l'Action.
Celles de l'Escriture.
Les Preuues du Volontaire
qui viennent de la Parole des

Témoins, sont de quatre sortes.

Celles des Témoins volontaires.

Celles de Tesmoins forcez.

Celles des Personnes d'authorité.

Celles de la Multitude.

Par les Preuues verbales des Témoins volontaires nous entendons les depositions des Personnes qui sans aucune violence disent librement la connoissance qu'ils ont de ce qui s'est passé dans cette occasion, & tout ce qu'ils en ont ouy dire.

Par les Preuues verbales de ces Personnes forcées, nous entendons celles qui se tirent des Tesmoins par la violence & par les tourmens, la douleur les obligeant à dire ce qu'ils

ſçauent du fait dont on les in-
terroge.

Par les Preuues verbales des
Perſonnes d'authorité, de con-
ſideration & de probité, nous
entendons celles qui ſe tirent
de ces Perſonnes de condition
qui improuuant ou appuyant
quelque action, dont ils ont
quelque connoiſſance, & dont
le ſentiment paſſe pour loy,
les font paſſer pour des Loix
inuiolables.

Par les Preuues verbales du
Peuple, ou de la foule, nous
entendons ces bruits qui cou-
rent par la ville, qui paſſent de
bouche en bouche, quoy que
ſans autheur qui l'aduoüe, qui
font, *On dit, on croit, on craint,
on eſt d'aduis, &c.*

CHAPITRE XXII.

De la Connoissance, ou des Preuues du Volontaire par les actions.

LES Preuues, ou les Tesmoignages du Volontaire qui viennent de l'action, ou du fait, sont de deux sortes, qui sont:

Les Prejugez.

Les Exemples.

Par les Prejugez nous deuons entendre les connoissances ou les Preuues du Volontaire, qui se peuuent tirer des circonstances precedentes qui ont accompagné quelqu'autre fait, ou action antecedente, dont les moindres resle-

xions nous fourniſſent pluſieurs belles penſées, ou tirées
du ſuiet, ou qu'on y peut accommoder, ſoit en accuſant
ſoit en deffendant, comme qui
diroit des conjectures & des
auant-jugemens, & qui le de-
uancent.

Par les Exemples, nous deuons entendre des faits ou des
actions ſemblables, ou de la
Partie meſme que nous accuſons, ou deffendons, ou de
quelque Agent qui fait à noſtre ſujet, ou pour ſa perte, ou
pour ſa deffenſe.

CHAPITRE XXIII.

Des Preuues, ou de la Connoissance du Volontaire, par l'Ecrit.

LEs Preuues du Volontaire qui se peuuent tirer de l'Escriture, sont de deux sortes.

Les vnes se tirent des Lettres.

Les autres de quelque Manuscrit que ce puisse estre.

Par les Preuues du Volontaire qui se peuuent tirer des Lettres, nous deuons entendre toutes celles que nous pouuons trouuer dans les Lettres missiues, écrites aux Person-

nes de la connoiſſance de la
Partie, ou que nous accuſons,
ou que nous deffendons.

Par les Preuues du Volon-
taire qui ſe peuuent tirer de
quelqu'autre écrit que ce puiſſe eſtre, nous deurons entendre
celles qui viennent de ce
qu'on appelle Billets, Placars,
ou Libelles, Figures, Graueu-
res, ou Peintures, pourueu
qu'on y puiſſe découurir quelques traits qui ſeruent à conuaincre, ou à juſtifier la Perſonne qui eſt accuſée, ou que
nous deffendons, ou que nous
accuſons.

Comme les Exemples ſont
plus preſens & plus agiſſans
que les preceptes, & qu'ils
confirment la verité des enſei-
gnemens dont ils ſont les ouurages, & dont ils portent la

figure & le caractere, il eſt juſte de faire voir dans quelqu'vn l'vtilité de la doctrine precedente: & parce que nous n'auons aucun Orateur qui nous ait laiſſé vn plus bel exemple du meſlange de ces excellens preceptes que l'incomparable Ciceron ; nous nous croyons obligez de prendre ſa Miloniene ; je veux dire l'Oraiſon qu'il fit pour la deffenſe de Milon, & pour l'accuſation de Clodius, en ſuite de laquelle nous mettrons vne bonne partie des choſes qui furent oppoſées à la deffenſe de Milon par l'Aduocat de Clodius.

Exemple des Topiques precedentes de la Cauſe conjecturale.

CHAPITRE XXIV.

Plaidoyé de Ciceron, pour Milon, contre Clodius.

MESSIEVRS,

On demande dans cette Cause, *lequel des deux est coupable, ou Milon, ou Clodius?* Si c'est Milon qui a eu dessein sur la vie de Clodius; ou si c'est Clodius qui a dressé des ambusches à Milon, & qui a attenté sur sa vie? Comment pourrons nous nous éclaircir sur ce fait, & quelle lumiere pourrons nous employer, pour sçauoir lequel des deux est coupable, lequel des deux est l'assassin? Mais disons plustost, qu'il sera tout à fait impossible de douter de la verité du fait & de l'assassinat, si nous examinons dans cette rencontre la conduite de l'vn & de l'autre, celle de Clodius & celle de Milon?

ARTICLE I.

Par les Qualitez naturelles, la Patrie, la Famille, &c.

ET premierement ne sçauons nous pas que Clodius est issu des Sabins, qui ont tousiours pretendu à la Souueraineté romaine, à l'exemple du Decemuir Appius. En effet, c'est le lait de cette ambitieuse Nation qu'il a succé, & c'est au milieu de ces pernicieux exemples qu'il a esté

éleué, & qu'ensuite d'vne si
loüable éducation, il a mené
la vie la plus déreglée & la plus
criminelle du monde.

ARTICLE II.

*Par les premieres actions de
sa vie priuée & publique.*

PEnsez vn peu, je vous
prie à ses premiers dépor-
temens, & quels ont esté les
premieres démarches qu'il a
faites pour arriuer au comble
de la Tyrannie. Vn homme
comme luy, de naissance no-
ble & illustre, s'est abaissé de
telle sorte, qu'il a fait des habitudes fort estroites & fami-
liaires auec les plus vils de la
lie du menu Peuple, afin de se
rendre

rendre recommandable, de
gagner leur amitié, & se les
rendre fauorables. Ne s'eſt-il
pas aſſocié des garnements de
la ville, des filoux, des bre-
teurs, & des déterminez?
N'a-t'il pas picqué d'honneur
cent & cent fois les ſeditieux,
les broüillons, & les eſclaues?
N'a-t'il pas chaſſé les bons citoyens, & tous les gens de bien?
N'a-t'il pas vendu & engagé
les Prouinces? Enfin que n'a-
t'il point fait pour perdre la
Republique?

ARTICLE III.

Par les Inclinations de son Ame, la Haine, l'Enuie, &c.

MAis pour venir à la cau-se & au crime dont il s'a-git. Toute la ville sçait l'ex-cez de la haine qu'il a toû-jours euë pour Milon, à cause qu'il aimoit & qu'il ambras-soit les interests des gens de bien. Ce qui faisoit son ex-treme douleur, estoit que pen-dant la vie de Milon, il ne pouuoit troubler le repos de l'Estat, toutes les fois qu'il en auroit enuie, & ce qui le mor-tifioit, c'estoit que la Repu-blique deuoit sa liberté qu'il

luy vouloit rauir, à la judicieu-
se conduite de Milon , & qu'il
eust voulu en auoir la gloire.
Et à la veuë de tous ces glorieux auantages , qui est-ce
qui peut douter qu'vn homme
de son humeur emporté, su-
perbe, & ambitieux comme il
estoit, n'ait attenté à la vie de
Milon , qui estoit l'amour &
la joye des gens de bien?

ARTICLE IV.

Par la Croyance de n'estre pas découuert.

MAis ne pensez pas qu'il
ait dissimulé la haine
implacable qu'il auoit pour
Milon, de peur de la faire connoistre, ainsi que les autres sce-

lerats, qui sont moins auda-
cieux : il l'a fait paroistre dans
toutes les occasions qui se sont
presentées , & nommement
dans cette derniere rencontre,
où il a fait éclatter ce qu'il
estoit capable de faire.

ARTICLE V.

Par la Confiance de l'Impunité.

MAis de plus s'appuyant
sur la bien-veillance du
petit Peuple, sur le courage,
sur le nombre, & sur l'addresse des gens qu'il auoit armez;
il se persuada facilement qu'il
pouuoit tout abandonner à
son bon-heur, à sa temerité,
& à son impudence ; & que

l'impunité du moins feroit la
fuite infaillible, & la glorieufe
recompenfe d'vn attentat fans
exemple.

ARTICLE VI.

Par les fuites auantageufes de la deffaite de Milon.

IL fe promettoit de la deffaite de Milon, qui s'oppofoit
fi puiffamment & fi genereufe-
ment à fes pernicieufes entre-
prifes, que non feulement, il
fe feroit Preteur, mais encore
que felon fes defirs & fes def-
feins, il feroit du gouuerne-
ment ce qu'il voudroit,& qu'il
augmenteroit fes richeffes &
fes poffeffions de celles des
plus riches citoyens qu'il chaf-

seroit & qu'il banniroit de la
ville. En effet, cet infame
citoyen n'a jamais eu d'autre
deſſein que de s'enrichir de la
depoüille des gens de bien, &
n'a jamais eu les moindres ſentimens d'honneur.

***

ARTICLE VII.

Par l'Honneur, & par la Gloire.

Milon eſtoit vn puiſſant
obſtacle aux deſſeins
ambicieux de Clodius, & à
ſes entrepriſes intereſſées &
ſordides. L'amour que Milon
auoit pour le repos & pour le
ſalut de ſa Patrie, arreſtoit le
cours de l'ambition de Clodius: ſa vertu reprimoit ſon

audace, & s'oppofoit fortement à fon auarice immode-
rée, & qui feul fe pouuoit em-
pefcher de paruenir à la dignité de Preteur, qu'il voyoit ne
pouuoir obtenir qu'au preala-
ble il ne fe défit de Milon par
quelque voix violente, comme celle de l'affaffinat, ainfi
qu'il a fait, s'imaginant que
par fa deffaite, il fe defferoit
de tous ceux qui pouuoient
trauerfer fon pernicieux deffein.

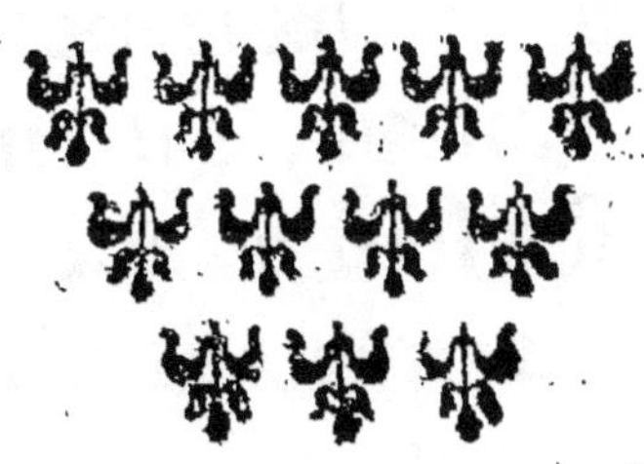

ARTICLE VIII.

*Par les Aduantages du corps,
& au contraire.*

Comme il y auoit long-temps qu'il meditoit ce pernicieux deſſein, il n'eut garde d'entreprendre le combat du duel; il ſçauoit que Milon eſtoit plus fort de corps que luy, qu'il faiſoit des armes incomparablement mieux que luy, & dans cette penſée il ne douloit point qu'il ne fuſt vaincu, s'il en venoit aux priſes ſeul à ſeul, & que tres-aſſeurement il n'y auroit aucun auantage.

ARTICLE IX,

Par les Aduantages de l'esprit, & au contraire.

ET quoy qu'il fuſt de ſon naturel fort entreprenant & temeraire, neantmoins dans cette occaſion, par je ne ſçay quelle deſtinée, deuenu plus prudent & plus judicieux, qu'il n'auoit de couſtume, & que ſon naturel ne portoit, eſtant bien informé que Mi-lon, ce jour là, deuoit partir de Rome pour Lanuuium, l'vne de ſes maiſons de Campagne, il part le premier, afin de le mieux ſurprendre pour l'aſſaſ-ſiner,

ARTICLE X.

Par les Aduantages de la Fortune, & au contraire.

Bien armé, & bien monté comme il estoit, sur vn cheual de prix, bien dressé & leger à la course, & accompagné d'vn bon nombre de gens de pied & de cheual, accoustumez à suiure ses ordres dans de semblables occasions, il attaque Milon, qui ne pensant à rien moins qu'à cette insulte, estoit en carrosse auec sa famille, affeublé de son manteau, suiuy de quelques domestiques qui conduisoient dans des chariots quelques

hardes, vtenfiles & prouifions
qu'il faifoit tranfporter dans fa
maifon de campagne.

ARTICLE XI.

Par la Commodité du lieu, & au contraire.

LE lieu de l'execution étoit
le plus commode du mon-
de, c'eftoit deuant la maifon
ou Milon auoit fait faire de
profondes fondations, & dans
ces grandes ouuertures de ter-
re qui pouuoient mettre à couuert plus de mille hommes, il
fit cacher ces garnemens qu'il
auoit à fa fuite, tous armez
comme ils eftoient.

ARTICLE XII.

Par la *Commodité du temps,* & au contraire.

CE fut fur le foir, & à la brune, comme on parle, qu'il executa cette lafche entreprife. Ce fut à cette heure là qu'il fortit de chez luy, & qu'il dit à fes gens qu'il retournoit à Rome, & qu'à la faueur des tenebres de la nuit, qui intimiderent les gens de Milon, il l'affaillit auec la promptitude & l'emportement d'vn furieux qui eft plus aifé à conceuoir qu'à exprimer.

ARTICLE XIII.

Par la Commodité de l'occasion, & au contraire.

EN effet, il trouua l'occasion si belle & si fauorable, ce luy sembloit, qu'il ne put la laisser échaper : il sçauoit que Milon estoit sans armes & sans équipage auec sa femme & ses enfans, & quelques domestiques qui conduisoient quelques chariots chargez de bagage, & d'vtensiles de ménage, comme ie l'ay déja obserué à la Cour.

ARTICLE XIV.

Par les Antecedens.

ENfin il confomme ce grand deffein. On n'ignore pas les menaces qu'il a fait fouuentesfois à Milon; on fçait affez les pourpalers qu'il a eu auec la racaille qui eft dans fes interefts, les confeils qu'ils ont tenus enfemble, & qu'il a dit plufieurs fois que dans trois ou quatre jours pour le plus tard, Milon ne feroit plus au monde. Et que fignifient toutes ces démarches, je vous prie, finon qu'il n'attendoit que l'occafion de fe deffaire au pluftoft d'vn fi puiffant ennemy?

ARTICLE XV.

Par les Accompagnans.

ENfin il trouue cette oc-casion fauorable qu'il at-tendoit auec tant d'impatien-ce, aussi-tost que le carros-se de Milon fut dans le lieu de l'ambuscade, la plus-part de ces satellites qui estoient ca-chez, décochent plusieurs traits sur luy, ils lient le co-cher, Milon sort du carrosse, & ces garnemens le jugeant blessé à mort, commencerent à charger ses domestiques, dont les plus fideles & les plus affectionnez furent tuez sur la place.

ARTICLE XVI.

Par les Consequens.

Ais enfin la bonne fortune de Rome triomphe de ses ennemis : les gens de Milon qui suiuoient, ayant apris de Clodius mesme la mort de leur maistre, ne manquerent point de faire en cette rencontre ce qu'vn chacun voudroit que fissent ses domestiques : ils opposent la force à la force, ils assaillent Clodius & ses gens, ils le deffont & ayant secouru & deliuré Milon leur maistre, ils le conduisent à Rome, comme en triomphe, où ils receurent de luy la recompense que meritoit leur fidelité.

ARTICLE XVII.

Par les Témoignages libres.

ET si pour découurir la verité du fait, & sçauoir lequel des deux Milon ou Clodius est l'aggresseur, & a dressé les ambusches, il est besoin de témoins non suspects, de quel témoignage auez vous besoin apres celuy de Fauonius, qui sans aucune contrainte vient de vous dire qu'il a oüy plusieurs fois que Clodius a dit que dans trois ou quatre jours pour le plus tard Milon ne seroit plus au monde? Qui peut dire que Milon a jamais tenu de tels discours, & qui peut asseurer qu'il ait jamais

fait aucune action qui marque
le moindre emportement du
monde ? Et que bien loin de
s'emporter lors qu'on luy rap-
portoit de toutes parts que
Clodius auoit dessein de l'assassiner, & de le perdre, il ne di-
soit autre chose, sinon que la
bonne fortune de Rome ne
l'abandonneroit jamais, puis
qu'il estoit tout à fait dans ses
interests, & qu'il n'auoit point
d'autre dessein, que de luy
rendre de grands & de notables seruices.

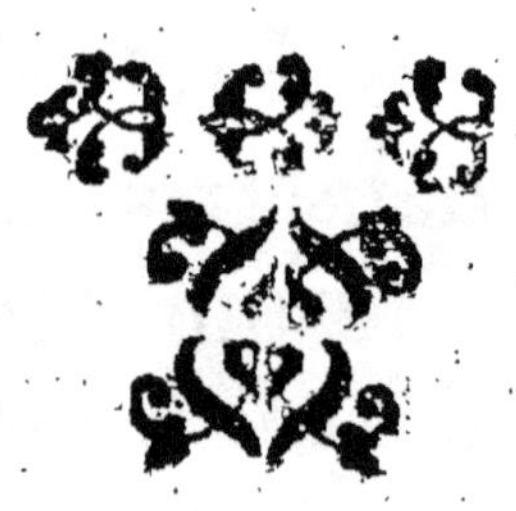

ARTICLE XVIII.

Par les Temoignages forcez.

MAis vous me direz que les dépositions des té-moins qui ont esté appliquez à la question chargent Milon, qu'elles le pressent fortement. Mais desquels des domesti-ques de Milon sont ces depo-sitions ? Lesquels sont - ce qu'on a mis à la question ? Ceux-là mesme qu'a demandé Appius, ceux qu'il a produits, ceux qu'il a instruits, ausquels il a promis de grandes recom-penses, auec la liberté, en cas qu'ils dissent que Milon auoit dressé des ambusches à Clo-dius, & qu'il a menacez d'vne

cruelle & certaine mort s'ils di-
soient le côtraire; apres les auoir
tenus chez luy renfermez plus
de six semaines, afin de les instruire pleinement, & de les
produire en suite pour deposer
en sa faueur. Peut-on imaginer vne deposition plus sincere
& plus integre?

Article XIX.

Par le Témoignage des Per-
sonnes de condition,
& de merite.

Mais on dit que Milon a
recompensé ses Dome-
stiques par la liberté qu'il leur
a donnée. He! qu'elle recompense ne deuoit-il point don-

ner à des gens qui luy auoient
redonné ou conſerué la vie,
qui eſt le principal & le fon-
dement de tous les autres
biens? Ce ſont les propres paroles de Marc Caton, homme
de probité qui ne les eut pas
plûtoſt proferées, que la
Cour qui eſtoit tout à fait
dans l'emportement, fut en-
tierement ſatisfaite.

ARTICLE XX.

Par les Bruits populaires.

ET s'il arriue, Meſſieurs,
ce que je ne croy pas, que
vous ne voyez pas encore aſſez
clair la verité du fait, & l'innocence de ma Partie, qui paroiſt auec tant d'euidence à la

clarté de tant de puissantes raisons; si vous n'auez point d'égard aux bruits qui ont couru & asseuré que Clodius meditoit la mort de Milon, & si enfin vous n'adjoustez point de foy aux paroles mesmes de Clodius.

ARTICLE XXI.

Par les Prejugez.

SOuuenez-vous au moins qu'elle a esté la prompti-tude du retour de Milon, qu'elle a esté son entrée dans le Senat, dans le temps que les Senateurs estoient le plus irritez; quel a esté son coura-ge, son visage, & son discours. Et dans ces entre-faites, il ne

s'eſt pas ſeulement remis au
Peuple, mais aux Senateurs;
non ſeulement aux Senateurs,
mais encore aux Gardes &
aux Soldats, & à Pompée meſme, entre les mains duquel il
ne ſe fuſt jamais mis, s'il euſt
eſté le moins du monde coupable de la mort de Clodius
par la voye de l'aſſaſſinat : Il
n'y a perſonne qui n'en ait eſté
ſurpris, & qui n'ait admiré &
loüé la force & la conſtance
de Milon, & qui ne les ait pris
pour vne marque infaillible
de ſon innocence.

ARTICLE XXII.

Par les Exemples.

MAis pourquoy insister si fort sur des ambusches, pourquoy en soupçóner si fort ma Partie? Que n'auoüe-t il le fait? Que ne dit-il que c'est luy qui a fait l'ambuscade à Clodius? Qu'il a mis à mort vn Citoyen, mais vn citoyen perturbateur du repos public, qui &c. N'a-t'il pas des exemples de semblables executions & le propre adueu des personnes de qualité & genereuses, comme sont Hala, Nasica, Opimius, Marius, & plusieurs autres qui se sont vantez & glorifiez d'auoir

d'auoir mis à mort les ennemis
de la Republique.

ARTICLE XXIII.

Par les Lettres missiues.

I'Ay dit l'ennemy de la Republique, le perturbateur
du repos public, je ne m'en
dédy point: Car enfin que signifient les Lettres, dont on
vient de faire la lecture à la
Cour, *qu'il acheueroit bien-tost
ce qu'il auoit entrepris, & qu'il
adjousteroit vn Chef à la Republique.* Que veulent dire ces
paroles, cette entreprise, &
ce Chef de la Republique, sinon que le dessein de Clodius
n'estoit autre que la tyrannie,

& qu'il n'attendoit que l'occafion d'enuahir la dignité &
la puiſſance de l'Empire.

Article XXIV.

Par les Billets & Placars.

N'A-t'on pas auſſi repre-
ſenté qu'il y auoit de
certains billets écrits de ſa propre main, tant ſon impudence
& ſa temerité ſont grandes,
qu'il auroit plus de ſoin de faire mourir, Milon, que de ſe
faire payer de ſes debtes?

L'EPILOGVE.

L'Epilogue de ces ſortes de
Plaidoyez ne doiuent exciter

que les mouuemens du Gen-
re judiciaire, qui sont ordinairement les neufs qui suiuent.

La Colere.
L'Amour.
La Compassion.
L'Emulation.
La Douceur.
La Haine.
L'Indignation.
L'Enuie.
La Raillerie.

CHAPITRE XXV.

Plaidoyé contre Clodius.

ARTICLE I.

Par les Qualitez naturelles.

Messievrs,

Il est bien fâcheux, & bien étrange de voir traitter auec tant de mépris & d'indignité, je ne dis pas seulement Clodius, mais encore toute l'illustre famille des Clodiens, qui ne se sont jamais lassez de faire du bien à la Republique, comme elle ne s'est aussi jamais las-

sée de leur donner des marques éternelles, & de leur vertu, & de sa reconnoissance.
Ce n'est pas icy le lieu de
vous rafraîchir la memoire des
grands seruices qu'ils ont rendu à l'Estat, & si j'auois dessein d'en faire l'histoire, je fe-
rois voir que de tous les fameux Clodiens, ma Partie est
sans doute celuy de tous à qui
la Republique a de plus grandes obligations. Et s'il y a eu
quelques emportemens dans
la conduite de Clodius, il est
de la justice de les attribuer
au feu de la jeunesse des illu-
stres Romains, plustost qu'à la
nation, à la famille, & à la
mauuaise éducation.

ARTICLE II.

Par les Actions passées.

ON a fort insisté sur les
actions passées de Clo-
dius, mais apres tout, on en
pouuoit vser auec plus de dis-
cretion, & auec plus de justice; car enfin, si ma Partie a
commis vn sacrilege dans les
emportemens d'vne grande
jeunesse : he bien n'en a-t'il
pas esté absous par vn arrest si
solemnel ? Qu'a-t'il fait de
plus? Il a chassé Ciceron; he
bien ne le meritoit-il pas, puis
que par vn effet de sa temerité,
sans exemple, il auoit enfreint
les Loix romaines, qu'on ne

peut violer sans sacrilege ?
Enfin sans l'adueu du Peuple,
ce qui est deffendu rigoureusement, il a fait mourir dans
la prison Lentulus & Cethe-
gus : Voilà le grand mal qu'il
a fait ; voilà les crimes énormes qu'il a commis.

ARTICLE III.

Par les Affections de l'ame.

ET c'est l'a l'origine & le
principe de la haine de
Ciceron pour Clodius, & c'est
pour cela aussi que Milon, qui
est tout à fait dans les interests de Ciceron, s'est declaré
l'ennem mortel de Clodius,
& ce auec d'autant plus de

fujet, à ce qu'il dit, que Clodius appuyoit la brigue de fes
Competiteurs au Confulat, &
qu'il eftoit impoffible de luy
faire abandonner les interefts
du Peuple. Et qu'eft-ce je
vous prie qui fe trouuoit dans
la fortune de Milon, qui peût
faire obftacle à celle de Clodius, & qui ait pû obliger Clodius à l'affaffiner, pour fe déli-
urer d'vn puiffant ennemy : il
n'apprehendoit pas que la gloire de Milon peût diminuer la
fienne, il ne redoutoit pas fa
puiffance, & il ne pouuoit ef-
perer aucun aduantage de la
deffaite de Clodius, qui luy
eftoit affez indifferent.

ARTICLE IV.

*Par l'Addresse de cacher
le crime.*

ET je veux que Clodius
euſt tous les ſuiets du
monde d'apprehender la puiſſance de Milon, dans le deſſein
qu'il auoit, à ce qu'on veut,
d'oprimer la Republique, euſt-
il eſté ſi inſenſé, & ſi peu iudi-
cieux que de croire qu'il euſt
pû commettre vn crime de
cette importance, & vn homme de ſa condition, à la veuë
de toute la ville, dans la penſée de le pouuoir cacher, & ſe
dérober à la rigueur de la iuſtice des Iuges qui ſont ſi éclai-

G v

rez, & se pouuoir dérober à la
vengeance du Peuple ro-
main.

ARTICLE V.

Par l'Esperance de l'impunité.

ET comment eust-il pû
auoir la pensée de se mettre à couuert de la iustice, par
la puissance de ses amis, par
son credit, & par la force de
ses raisons, sçachant que la
cabale de Ciceron qui ne pouuoit souffrir l'éclat de sa gloire,
estoit la plus forte, & qu'infailliblement il succomberoit
dans vne entreprise de cette
nature?

ARTICLE VI.

Par les *Aduantages de la fortune.*

QVels auantages pouuoit-il attendre de la mort de Milon ? Ce n'est pas quelque heritage & quelque succession qu'il pust esperer de son deceds, on sçait qu'il n'y auoit entr'eux ny affinité, ny aliance, qui sont les sources ordinaires des successions, & qui sont bien souuent les causes innocentes de la plus-part des meurtres qui se commettent dans les familles, dont on charge ma Partie : Ce n'est pas non plus vn accroissement d'honneur, de dignitez &

G vj

de charges, puis que la Pretu-
re estoit à son refus, & qui luy
estoit offerte de la part du Peuple qui la luy offroit auec empressement. Quel est donc le
puissant motif, quel est le profit, & quel est le grand auantage qu'on a fait sonner si haut
dans l'Audience?

ARTICLE VII.

Par l'Eloignement des obstacles.

HE! quel empchement &
quel obstacle est-ce que
Milon pouuoit apporter & opposer à la gloire & aux preten-
tions de Clodius? Ne sçait-on
pas que les charges & les di-

gnitez font dans la puiſſance
du Peuple, & qu'il les donne
à qui bon luy ſemble, & à ceux
qui le meritent le mïeux, qui
eſt autant aimé du Peuple que
Milon en eſt hay: Car enfin, ie
puis dire, que cõme Milon ne
pouuoit rendre de grands ſer-
uices à Clodius, il ne pouuoit
pas non plus beaucoup luy
nuire.

ARTICLE VIII.

Par les Aduantages du corps.

ET comment est-ce, je vous prie que Clodius au-roit eu la pensée de dresser des ambusches à Milon, & de vou-loir en venir aux prises auec luy, puis que ses forces estoient moindres que celles de Milon, qu'il sçauoit bien que dans le combat singulier, il ne pour-roit jamais l'emporter sur luy, qui auoit l'addresse du corps, & l'experience.

ARTICLE IX.

Par les Aduantages de l'esprit.

ON a dit que Clodius deuenu plus prudent & rusé que de coustume, s'est fait accompagner d'vne puissante troupe de Caualiers bien equippez, qui se sont jettez sur Milon, qui s'y attendoit le moins, & qui estoit enuelopé de son manteau en carrosse auec sa famille.

ARTICLE X.

Par les Aduantages de la Fortune.

QVi a-t il de plus ridicule, sauf le respect de la Cour, & de plus impertinent, que de soustenir qu'vn homme accompagné seulement de vingt autres, ait osé en attaquer plus de trois cens, qui estoient armez de pied en cap, dont la plus-part estoient breteux, gens de main, & faits à de semblables executions? Et quand j'aurois accordé que Milon n'estoit pas en estat de combattre, sa suite s'y estoit mise pour luy en épargner la peine.

ARTICLE XL.

Par la Circonstance du lieu.

ON a dit que l'attaque s'estoit faite deuant la maison de Milon, mais ou estoit l'embuscade. On n'en a point fait mention dans les informations, on n'en a point parlé du tout. Et si Clodius en a d'essé quelqu'vne, que ne plaçoit-il ses gens dans ce lieu-là, puis qu'il luy estoit si commode? Pourquoy l'a-t'il attaqué à forces inegales, puis qu'il auoit tant de gens à sa fuite qui estoient tous gens de main & de seruice?

ARTICLE XII.

Par la Circonstance du temps.

MAis le temps, a-t'on remarqué, l'a fauorisé dans son dessein. Clodius sur le soir estant sorty de chez soy, dans la pensée que ses ennemis n'estoient plus à la campagne, se hastoit de gagner la ville. D'où vient que Milon se trouua sur le chemin ? D'où vient qu'il estoit sorty si tard de la ville ?

ARTICLE XIII.

Par la Commodité a. l'occasion.

ON adjouste assez plaisamment que Clodius ne perdit pas l'occasion d'assassiner Milon, qui luy estoit si fauorable. He quoy! pense-t'on qu'auec la vie de Clodius nous ayons perdu l'esprit? On dit qu'il assaillit Milon: Mais de grace, qu'elle apparence qu'vn homme, se voyant sans armes, aille attaquer son ennemy qu'il voit au milieu d'vne puissante escorte de gladiateurs, & que luy seul entreprenne de les rompre, & de leur passer sur le ventre?

ARTICLE XIV.

Par les Antecedens.

S'Imagine-t-on que nous ne sçachions pas que Milon a diuerses fois menacé de massacrer Clodius, & que luy & Ciceron se sont souuent assemblez pour voir par quel moyen ils pourroient se deffaire de luy, & qu'il n'y auoit rien de bon à esperer pour eux, s'il demeuroit en vie ? Et si Clodius a opposé les menaces aux menaces, & repoussé les menaces par les menaces, y a-t'il tant de crime ? Comme il est permis par la loy naturelle d'opposer la force à la force, ne le sera-t'il pas d'opposer les

menaces aux menaces. Et s'il
eust eu dessein de se seruir de
ses gens dans vne entreprise
de cette consequence, auroit-il
sorty de chez luy seul, & sans
armes, comme il a fait.

ARTICLE XV.

Par les Accompagnans.

CLodius se jette sur Mi-
lon, a-t'on dit, mais de
grace, lequel est l'aggresseur,
& qui est celuy des deux, Milon ou Clodius qui a cõmen-
cé l'attaque? Les domestiques
& les gens de Milon estant
commandez, se jettent sur
Clodius, ils l'attaquent de toutes parts par derriere & pardeu-
uant. Il crie, il appelle, il se

debat, & dit que Milon luy a dreſſé vne ambuſcade, & ſe voyant ſans deffenſe, par la mort de quelques domeſtiques qui le ſuiuoient, & malheureux qu'il eſtoit, il ſe va cacher dans vne eſtable, dans laquelle on luy coupe la teſte.

Article XVI.

Par les Subſequens.

Voilà, Meſſieurs, la ſuite funeſte & les malheureux effets des menaces de Ciceron : Voilà la deteſtable cataſtrophe de la rage de Milon, qui ne ſe contentant pas de la mort du pere, en veut encore à ſon fils, qu'il euſt ſans

doute mis à mort, sans les soins
d'Alicor, qui le déroba à la
fureur de ce barbare, qui par
la mort de ce jeune enfant,
vouloit aneantir & éteindre
l'illustre famille des Clodiens.

Article XVII.

Par les Tesmoignages libres.

ON nous apporte le tes-
moignage d'vn certain
personnage nommé Fauonius,
comme c'est vne personne de-
reglée dans ses mœurs, neces-
siteuse, & propre à tout faire;
& originaire d'vn pays, où se
vendent les depositions, ainsi
qu'on le sçait assez par celles
qu'ont venduës ses ayeuls, je

ne pense pas qu'on doute fort
sur des tesmoignages de cette
sorte. Mais qu'est-ce que peuuent dire les Parties aduerses
du tesmoignage de Brutus,
pour recuser vn tesmoin de
cette importance & de cette
probité, & qui est l'intime de
Milon, qui a dit plusieurs fois
en vostre presence, que Milon
a fait, & que cent fois il auoit
promis de faire.

ARTICLE

ARTICLE XVIII.

Par les Témoignages forcez.

ET si c'eſt Clodius qui à dreſſé des ambuſches à Milon, pourquoy a-t'il congedié ſes domeſtiques? Pourquoy les a-t'il ſouſtraits à la queſtion? Pourquoy ne les a-t'il pluſtoſt preſentez? Pourquoy ne les a-til pas expoſez aux tourmens de la queſtion? C'eſt, ſans doute, par ce qu'il apprehendoit qu'ils ne puſſent endurer les douleurs de la genne, & que par la violence des tourmens, ils ne fuſſent contraints de dire la verité: Et il eſtoit de la juſtice, qu'vn bon maiſtre, comme

luy, donnaſt à de bons ſerui-
teurs qui l'auoient ſi bien aſſi-
ſté dans cette entrepriſe, vne
recompenſe qui fuſt digne de
la generoſité du maiſtre, &
proportionnée à la grandeur
du ſeruice qu'ils venoient de
luy rendre.

ARTICLE XIX.

Par le Témoignage des Per-
ſonnes de condition,
& de merite.

LE Teſmoignage de Marc
Caton, homme tres-illu-
ſtre & tres-attaché aux inte-
reſts de Milon, porte que Milon a dit pluſieurs fois qu'il faloit ſe deffaire de Clodius qui

auoit fait chaſſer Ciceron; qui
auoit violé la ſainteté des Loix;
& que le r'appel de Ciceron
ne ſe pouuoit faire que par la
mort de Clodius.

ARTICLE XX.

Par les Bruits qui courent.

IE ne dis rien de ces Bruits
populaires, qui ſont toû-
jours ſans adueu & ſans autheur, à qui la malice de
quelques perſonnes incon-
nuës donne la naiſſance.
Neantmoins, s'il faut adjouſter quelque foy à ces ſortes de
diſcours, comme à des choſes
veritables; il y a plus d'appa-
H ij

rence de croire qu'ils viennent
de la cabale des Miloniens,
afin que par ces bruits de ville
ils l'obligeassent à se haster de
faire ce qu'il leur auoit promis.

ARTICLE XXI.

Par les Prejugez.

MAis enfin, Messieurs,
considerez vn peu, je
vous prie, quelle a esté la
promptitude auec laquelle il
est retourné en ville. Quelle
a esté son effronterie & son
entrée dans le Senat. Quelle
a esté son asseurance, apres
auoir mis à mort vn Bourgeois
de Rome, apres auoir jetté
dans la prison des personnes

qui en passant, sans doute, par le
lieu de l'homicide, auoient veû
ce qui se passoit, dans la crainte
qu'il auoit qu'ils ne dénonçaf-
sent ce qui s'estoit passé à leur
veuë, & que le Senat ne dist
comme il a fait, que le mesme
coup qui a tué Clodius a re-
jailly sur la Republique.

ARTICLE XXII.

Par les Exemples.

ILS disent que Milon a
massacré l'ennemy de l'E-
stat, le perturbateur du repos
public, à l'exemple de Hala,
Nasica & Opimius. Si on donne cette licence à des particuliers, qui est-ce qui pourra

estre à couuert des traits des mauuais citoyens, & de leurs ambusches ? Ceux qui conserueront de cette sorte la liberté du Peuple, ne passeront jamais pour tyrans : Mais Brutus au lieu de restaurateur de la liberté publique, sera vn tyran, Publicola semblablement, & les autres de mesme.

Article XXIII.

Par *les Lettres.*

Mais les Lettres sont contre nous. Mais que peut-on tirer de ces Lettres, si ce n'est que Clodius a toûjours eu dessein de rompre les conseils & les entreprises de

Milon. Nous ne nions pas
que Clodius n'ait fauorisé de
tout son pouuoir les Competiteurs de Milon, afin de l'é-
loigner de la dignité du Con-
sulat, estant asseuré qu'il en
abuseroit, & qu'il s'en seruiroit
pour opprimer la Republique.

ARTICLE XXIV.

Par les Placards & Billets.

JE sçay bien qu'on a voulu
dire quelque chose des
Placars, & des Billets de sa
main, qu'on dit auoir veu
courir par la ville; mais ne
voyant point d'autheur, ny
les Placars, ny les Billets, qui

ne voit que c'est vn effet de la malice & de la calomnie de ceux de la cabale des Milloniens.

L'EPILOGVE.

Dans l'Epilogue de ces sortes de Plaidoyers, il ne faut exciter que les passions du Genre judiciaire, ainsi que nous l'auons remarqué dans le Plaidoyé precedent.

CHAPITRE XXVI.

De l'Estat Definitif en particulier,

ou,

De la Conduite de l'Aduocat dans la Cause definitiue.

D'Ans le Chapitre X. nous auons parlé assez amplement de l'Estat definitif, c'est à dire, de la Cause definitiue qui ne se peut traiter que par la Definition : par ce que la principale question qui s'y fait, est celle de l'essence du fait, par les caracteres qu'on employe d'ordinaire dans ces sortes de questions

qui font? *Qu'eſt-ce que*, &c.
Que ſignifie, &c. *Que veut
dire*, &c. *Qu'entent-on par*,
&c. Et dans celuy-cy & les
ſuiuans nous en deuons parler
en particulier & en détail.

Dans la Cauſe definitiue,
il ne s'agit donc d'autre choſe
que de la nature de la choſe,
ou du fait dont on eſt en different, de quelle nature qu'elle
puiſſe eſtre, ou ciuile, ou criminelle. Comme dans la cele-
bre cauſe de la mort de Iules
Ceſar, la difficulté eſt de ſçauoir, *Si c'eſt vn crime ou non?
Si c'eſt vn Parricide, ou vn Tyrannicide?* Et conſequemment,
*Si Brutus & Caſcas ſont innocens
ou criminels, dignes de ſuplice,
ou de recompenſe?* Toute la difficulté de la Cauſe ne conſiſte
qu'à ſçauoir, ce que c'eſt que

Parricide ou Regicide. Le Complaignant ou la Partie ciuile souſtient que cette action eſt vn Parricide, à cauſe que les accuſez ont mis à mort le Dictateur ou le principal Magiſtrat, qui eſt le pere, le Prince & le Roy de la Patrie, de l'Eſtat, ou de la Republique. Et les Accuſez, au contraire, maintiennent que ce n'eſt point vn Parricide, mais pluſtoſt vn Tyrrannicide. Et c'eſt là que par le ſecours de la Deſinition, il faut expliquer & deuelopper le Parricide & le Tyrranicide; mais il faut qu'elle ſoit tres-exacte, & ſelon les regles que nous en auons données dans l'Art de bien dire, lib. 1.

Pour ne ſe point tromper dans la meditation & dans l'e-

conomie de cette sorte de cause, & pour ny rien obmettre
qui puisse prejudicier ou à la
Partie que nous deffendons,
ou à nostre gloire, & donner
de la peine aux Iuges & à toute
l'Audiance, nous deuons remarquer qu'elle peut estre trai-
tée par cinq termes principaux
qui sont:

        La Definition.
        Le Raisonnement.
        L'Esprit de la Loy.
        La Grandeur.
        La Comparaison.

Par la Definition de la chose, ou du fait, du crime ou du
criminel, ou de l'action, ou de
la passion, nous entendons la
peinture la plus exacte qu'il
est possible, de la chose que
nous croyons estre l'original de
celle qui fait la contestation,

ou le procez, ce qui on appelle
ordinairement, *la Thése*, *la*
Maxime, *la Majeure*, *l'Idée*, *&*
l'Exemplaire; & celle que nous
traitons, *l'Hypothese*, *la Mineu-*
re, *& le Fait*. Par cette sorte
de peinture qui rend presentes
à l'imagination, les choses qui
sont les plus éloignées, nous
faisons voir les rapports qui se
trouuent entre le fait & l'esprit de la loy, ou les especes
des choses soit naturelles, soit
morales : Ce qui fait le Syllogisme naturel qui est la regle
du sens-commun, & la meil-
leure maniere de le faire entendre, & de conuaincre les
contre-disans par leurs propres
lumieres, qui sont celles de la
raison, qui se trouue dans tous
les hommes, qui estans d'vne
mesme espece sont tous ou du

moins doiuent estre raisonnables. Comme pour sçauoir si
Cascas & Brutus sont coupables de Parricide, & si l'attentat qu'ils ont commis est vn
Regicide, il faut prendre l'idée
du Regicide, comme vn Pa-
tron & vn exemplaire irrepro-
chable, en se disant à soy-
mesme.

Toute action violente de quelques Particuliers qui de leur propre authorité & sans aucun adueu,
mettent à mort & massacrent le
pere & le Roy de la Patrie, ou de
la Republique, ce qu'on appelle attentat, n'est autre chose qu'vn
Parricide ou Regicide, c'est à dire,
le crime du Regicide.

Voilà la These, ou la Ma-
jeure; la Maxime, ou le Theo-
reme; l original, ou le patron;
le prototype & l'exemplaire,
ou le modele.

*Le fait de Brutus & de Cascas,
dont il s'agit, est vn attentat ou
vne action violente sans authorité & sans adueu, par laquelle
ils se sont ingerez d'eux-mesmes,
de mettre les mains sur la personne
de Cesar & de massacrer le pere
du Peuple, & le Roy de la Republique.*

Voilà la Mineure, l'Hypo-
these; le fait, ou la copie, qui
a tous les traits & tous les li-
neamens de la Majeure, de la
These ou de la Maxime, &
qui luy ressemble tres-parfaite-
ment.

Enfin, pour mettre la derniere main à l'ouurage, à la
Definition, & au Syllogisme, il
faut, dans vne troisiesme pro-
position, ou action de l'esprit,
joindre l original auec la copie, la Majeure auec la Mi-

neutre, l'Hypothese à la These,
& dire en conclusion ou reü-
nion des deux termes en question ?

*Il est donc évident que l'action
de Brutus & de Cascas, commise
en la personne de Cesar, est vn attentat, vn crime de l'Eze Ma-
jesté, vn Parricide, & vn Regicide.*

Et c'est-là la conclusion ou
la closture de tout le discours,
& la derniere action de l'esprit
qu'on appelle la course ou le
discours.

Il faut remarquer en cet endroit, que le modele de Definition qu'on nous donne dans
les Escholes, qui doit estre faite du genre prochain, & de la
difference essentielle ou specifi-
que ; à sçauoir, l'Homme est
vn *animal raisonnable*, n'est

pas celuy dont nous deuons
nous seruir, parce qu'elle n'est
d'aucun vsage, à cause que les
actions ciuiles dependent d'vn
grand nombre de circonstances qui les establissent, qui
doiuent entrer dans la Definition, & qui ne se trouuent
point dans les sujets naturels
qui se voyent dans l'arbre de
Porphyre. C'est pourquoy,
nous en auons donné les idées,
ou les modeles dans l'Art de
bien dire que nous venons de
citer.

En suite nous deuons re-
marquer que cette sorte de
peinture ou de definition, ou
pour mieux dire, de description, doit estre la plus popu-
laire qu'il est possible, c'est à
dire accommodée à la capacité,
à l'idée, & à l'opinion du vul-

gaire, je veux dire la plus commune, la plus accommodée à l'vsage & à la pratique du Barreau, & degagée des subtilitez de la Scholastique, qui plaisent autant à quelques Critiques, qu elles déplaisent aux Iuges, & à toute l'Audiance.

Les Embellissemens, & les enrichissemens de ces Definitions, sont pour l'ordinaire, les Exemples, les similitudes, & les comparaisons.

De plus nous deuons remarquer que de tous les accidens, couleurs ou circonstances qui peuuent entrer dans vne definition, les Aduocats ne doiuent employer que celles qui leur sôt fauorables, & qui peuuent donner à leur sujet l'air & la grace de ce qu'il est, ou de ce qu'ils veulent qu'il soit, ou qu'il paroisse.

Enfin nous deuons obseruer que le deuoir de l'Aduocat de la Partie aduerse, est de faire voir soigneusement à la Cour, les faux jours, & les fausses couleurs du tableau, ou de la Definition, pour en profiter. Comme dans la precedente qui a esté donnée du Parricide, l'Aduocat de l'accusé doit dire que la Definition qu'on a donnée du Parricide est imparfaite, qu'elle est defectueuse. Par ce que le Parricide est l'attentat qui se commet en la personne du pere du peuple, & que tant s'en faut que Cesar fût le pere du peuple, qui ne trauaille que pour son bien & repos ; qu'au contraire, il en estoit le fleau & le Tyran, qui ne se proposoit que sa pro-

pre satisfaction & la ruine de sa
Patrie.

L'Aduocat du Demandeur,
du complaignant, ou de la
Partie ciuile doit representer
que cette glose, ou addition
de parole est superfluë, & que
le souuerain Magistrat est tou-
jours le Roy du peuple, le tu-
teur & le conseruateur, qu'il y
a esté estably par le suffrage
des gens de bien, & du consentement du peuple, qui ne
donne le pouuoir absolu qu'à
ceux qui le meritent, & qui le
peuuent bien employer, & que
ceux qui les tuent & qui les
massacrent sont criminels du
Parricide, & qu'ils sont coupables du plus horrible de tous
les crimes, & de tous les atten-
tats qui se peuuent commetre.

L'Accusé ou le deffendeur,
au contraire, soustiendra qu'elles sont de la derniere confe-
quence, & qu'à moins de les y
adjouster, il ne seroit pas permis de se défaire d'vn Tribun,
& d'vn Magistrat seditieux,
sans estre parricide, ce qui est
faux & contraire à ce qui s'est
tousiours pratiqué parmy nous
à l'exemple de nos peres. Qui
doute que Cesar a troublé l'E-
stat, qu'il luy a rauy sa liberté,
qu'il luy a osté ses priuileges,
&c. Et on ne peut tirer aucun
aduantage pour la deffense de
Cesar, & pour la condamna-
tion de Brutus, & de Cascas,
de ce que la puissance de la
Magistrature, & la conduite
de l'Estat ne se donne que du
consentement du peuple, &
par les suffrages des gens de

bien ? Ne sçait-on pas que Iules Cesar, pour s'éleuer à la premiere dignité de la Republique, n'a point employé d'autres moyens que la force & la violence.

On fait ordinairement vne distinction de Definition, celle du nom, & celle de la chose; mais il est superflus d'en instruire ceux qui sçauent que les definitions des noms supposent les definitions des choses, & qu'on ne peut apporter de distinction dans les noms, qu'on ne fasse voir celle des choses qu'ils signifient.

CHAPITRE XXVII.

Par le Raisonnement.

NOus traitons la Cause definitiue par le Raisonnement, lors que nous ramaſ-
fons toutes les conditions de
la Definition ou de la Theſe,
comme les traits & les linea-
mens de l'original, & que nous
faiſons voir qu'ils ſe trouuent
tous dans l'Hypotheſe ou dans
le cas & le fait dont il s'agit,
& que dans cette rencontre ou
la neceſſité & le bien de l'Eſtat,
les ſollicitoient & les preſſoient, il faut faire vne grande difference entre ce qu'ils
ont fait, & ce qu'ils pouuoient faire; que la vie de Iules

Cesar estoit autant aduanta-
geuse à la Republique, que sa
mort luy est nuisible, & qu'on
auroit éuité les malheurs qui
l ont accompagnée, qui l'ont
déja suiuie, & qui la suiueront
encore.

Les Accusez, au contraire,
feront voir par le raisonement,
que la definition n'est pas iuste, qu'elle ne represente pas
parfaitement les traits de l'o-
riginal, ou de l idée qu'on demande pour decider, & que
toutes les conditions qui font
le parricide ne se trouuent pas
dans le fait, ou dans la Cause,
& qu'enfin, il y a vne notable
difference entre ce qu'il a fait
& ce qu'il pouuoit faire, s'il
eust esté animé par d'autres
motifs que par ceux du bien &
du repos de l'Estat.

Que

Que la Republique auoit besoin de cét exemple, pour étouffer les Tyrans & la Tyrannie dans le berceau, qu'elle estoit dans les fers & dans la seruitude, & que cette violence & cette hardiesse de Brurus & de Cascas arrestera l'ambition & la tyrannie des autres.

CHAPITRE XXVIII.

Par l'Esprit de la Loy.

NOus plaidons la Cause definitiue par l'esprit de la Loy, & par l'intention du Legislateur, lors que nous faisons voir que l'Accusé a agy côtre la loy : Et c'est en cet endroit

I

qu'il faut employer toutes les
regles de la Critique dans l'e-
xamen des termes de la Loy,
qui semble faire contre nous,
mais sur tout en faisant voir
les motifs du Legiſlateur par
l'hiſtoire de la Loy, en repre-
ſentant l'occaſion, le ſujet, &
les autres adjoins, le lieu, le
temps, &c. qui ont le plus contribué à ſa naiſſance.

Et l'Accuſé, au contraire,
fera voir, par les termes de la
meſme Critique, & par d'autres circonſtances qui luy ſont
fauorables, que le ſens qu'on
donne à la Loy, & l'interpretation qu'on en fait, eſt contraire à celuy du Legiſlateur:
Mais que celle qu'il donne
l'appuye & la confirme au lieu
de la détruire, en l'accom-
modant aux Iuges deuant leſ-

quels il parle ; c'est à dire,
à l'vsage & à la pratique du
Barreau, en prenant tous ses
aduantages.

CHAPITRE XXIX.

Par la Grandeur de l'Action.

NOus plaidons la Cause
deffinitiue par la Gran-
deur du fait ou du crime, ou
de l'action, lors que nous exa-
gerons par les Circonstances,
le lieu, le temps, les personnes,
la maniere, les adjoins, ou les
aides & les suites fâcheuses;
pour en découurir la grandeur, la consequence, & l'é-
normité.

Et l'Accusé, au contraire, se
deffend, par la Grandeur, en
faisant le contraire de l'exageration, par l'extenuation & di-
minution, en affoiblissant &
diminuant toutes les mesmes
circonstances qui auront esté
touchées par le Demandeur,
le Complaignant, ou la Partie
ciuile ; pour luy faire connoistre, ou que la Loy n'a point
esté violée, comme on le pre-
tend, ou que du moins le crime ou la faute n'est pas si grande qu'on l'a voulu persuader à
la Cour.

CHAPITRE XXX.

Par la Comparaison.

NOus plaidons la Cause definitiue par la comparaison, lors que nous faisons la comparaison, ou le paralle-le entre ce qui s'eſt fait, & ce qui ne s'eſt point fait & qui ſe pouuoit faire; entre ce qui ſe trouue dans le fait & ce qui ne s'y trouue pas & qui pouuoit y eſtre, pour faire voir par ces Adjoins que l'action eſt plus grande & plus conſiderable, & d'vne plus faſcheuſe conſe-quence.

Et l'Accuſé, au contraire,

I iij

plaide sa Cause, par la Comparaison, quand il fait voir que l'action est moins criminelle, ou dommageable, par ce qui s'y trouue, qu'elle ne le feroit, par ce qui y pouuoit estre.

Il est de la prudence de l'Aduocat d'amplifier, d'estendre, d'embellir, & d'enrichir ces argumens, selon la diuersité des occurrences :

Par les Semblables.
Par les Dissemblables.
Par les Majoritez.
Par les Minoritez.
Par les Paritez.
Par les Adjoins des Personnes.
Par les Exemples.
Et par les autres termes de l'Amplification, ou pour forti-

fier les raisons, en les esten-
dant, & les mettant dans leur
jour, ou pour soulager l'atten-
tion des Iuges, & les delasser,
ou du moins pour se faire esti-
mer & admiter de l'Audiance.

CHAPITRE XXXI.

EXEMPLE,

Des Topiques, precendentes de la Cauſe definitiue.

POVR L'ACCVSATION.

PLAIDOYE',

Contre Sextius Publius, ac-cuſé d'auoir mis des Gens de guerre dans le Senat, pour intimider Clodius Tribun du Peuple.

ARTICLE I.

Par la Definition.

MESSIEVRS,

Sextius Publius, ne fait aucu-

ne difficulté d'auoüer qu'il a
mis dans le Palais, & dans toutes les auenuës des troupes de
gens-d'armes & de gladia-
teurs, & qu'il les a équipez &
armez à ses propres despens.
Mais il ne peut nier qu'il ne soit
criminel & coupable du crime
de violence & de force, & qu'en
consequence, il ne soit con-
damnable par la Loy qui demande la punition de ceux qui
vsent des voyes de fait, de leur
propre mouuement : Car enfin
qu'est-ce je vous prie qu'vser
de la voye de fait, employer
la force, & faire violence à
quelqu'vn, si ce n'est assem-
bler des gens à ses despens, les
armer & les poster dans le Palais, contre le Tribun du Peuple, pour luy faire insulte?
C'est ce que firent autrefois

I v

M. Manlius, & Sp. Melius, &
ce font eux auffi que nos Peres
condamnerent par la Loy, &
qu'ils punirent felon la rigueur, quoy que d'ailleurs, ce
fuffent de tres-grands hommes qui auoient rendu de
notables feruices à la Republique. Ils ne furent pas tous
deux declarez coupables, &
condamnez celuy-cy pour
auoir redonné la liberté au
Peuple, qui eftoit dans l'efcla-
clauage ; & celuy-là pour
auoir fait diftribuer au Peuple
du blé & des viures en abondance, mais à caufe qu'ils a-
uoient des gens armez qui les
gardoient, qui les accompa-
gnoient, & les efcortoient en
quelque endroit qu'ils allaf-
fent , & qu'ils morgoient &
faifoient infulte aux plus qua-

lifiez de la ville , & mefmes
aux plus braues.

ARTICLE II.

Par le Raifonnement.

ON ne juge pas toufiours
de l'action par l'action, &
quoy qu'elle fe faffe affez connoiftre, elle ne montre que le
dehors & le fenfible , elle ne
découure pas le motif. Il importe fort peu dans ces fortes
de Caufes, fi le deffein a efté
executé, fi l'entreprife a eu
lieu, fi elle a efté confommée,
& fi les Caufes ont eu leur effet, ou non; il fuffit d'en découurir le motif, la volonté,
& l'intention : c'eft la volonté qui donne le caractere

I vj

aux actions humaines; c'est elle qui les marque, & qui les specifie, *Quidquid agant homines intentio judicat omnes.* La violence, la force & l'outrage ne se mesurent pas seulement à la grandeur des paroles, des menaces, & des coups portez; mais elle se mesure encore à la grandeur du desir de faire outrage à quelqu'vn; c'est dans ce soin & dans cet empressement de Sextius Publius à amasser des gens de main, à les armer & à les bien placer pour l'execution des ordres, que consiste le crime, la violence & l'outrage, plustost que dans l'emportement des soldats. Et quand nous soustenons dans le Senat qu'vne telle Loy a esté extorquée & emportée par la force & par la violence, nous

ne voulons dire autre chose,
sinon que les suffrages ont
esté forcez, que les opinions
ont esté extorquées, & que
ces sortes de Loix sont moins
vn effet de la justice, de la prudence & de l'équité, que de la
crainte & de la violence des
gens de guerre, qui les obtien-
nent & les font publier : comme la peur & la crainte suffi-
sent pour les mouuemens raisonnables de la volonté, il suffit de la faire par la seule
veuë des armes, & il n'est pas
necessaire d'en venir à l'execution & à la violence pour se
rendre criminel de la violence
mesme : & ce n'est pas sans raison qu'on se plaint de la violence de Sextius Publius, puis
qu'on ne voit tous les jours
dans les auenuës du Palais, &

dans le Palais mesme, que des
gens armez de la part de la Partie aduerse.

ARTICLE III.

Par l'Esprit de la Loy.

MAis qu'est-il besoin d'a-
uoir recours à la raison
pour la decision de la cause, &
pour la conuiction de la Partie
aduerse, puis que la Loy le
declare coupable, & qu'elle
le condamne, ainsi qu'il se
peut voir par la seule con-
sideration des termes qui l'expriment. Voicy la Loy : *Celuy
qui aura donné des armes a des
soldats ou autres persõnes de main,
pour faire insulte au Magistrat,*

il est coupable & reputé luy auoir fait outrage. Qu'est-ce qu'a fait Sextius Publius ? Il a armé des soldats. Contre qui ? Contre Publius Clodius, vn Tribun du Peuple, que nos Ancestres ont estimé si saints & si venerables qu'ils ont tenu criminels de leze-Majesté, ceux qui leur feroient la moindre injure, comme celle de la parole. Que reste-t-il donc à faire, si ce n'est de condamner Sextius Publius, & de le declarer coupable & criminel de la Loy.

ARTICLE IV.

Par la Quantité.

LE plus grand crime, le plus énorme, & le plus atroce, qu'on appelle attentat, qui se puisse commettre dans vne Republique libre, est celuy de la violence & de l'outrage qui se fait par les armes à vn Magistrat du Peuple romain qui a le pas sur tous les autres, qui les peut mesme mettre dans les fers en cas de crime. Quoy ! mettre des gens armez dans le Palais, & dans les aduenuës, contre le Tribun du Peuple, assieger & se rendre maistre de la Tribune aux

harangues, d'où les Tribuns
parlent au Peuple! N'est-ce
pas le chasser ignominieuse-
ment, & l'empescher de faire
les fonctions de sa charge?
N'est-ce pas luy faire vne insulte, vn affront, & vne infame violence?

Article V.

Par la Comparaison.

Enfin, MESSIEVRS,
qui doute que le crime
d'insulter & de faire violence à
vn Tribun du Peuple, qui est
vne personne publique & sacrée, ne soit vn crime plus
grand que d'offenser vn particulier & vne personne priuée,
& mesme de le massacrer? La

conſeruation de la ſocieté ciuile ne dépend pas de la vie
d'vn ſeul citoyen. Sa mort, il
eſt vray, luy cauſe vne perte,
mais elle n'eſt pas la plus ſenſible, & de la plus grande con-
ſequence : Mais comme l'authorité de l'Eſtat eſt renfer-
mée dans les perſonnes publiques qui ſont en charge, il eſt
vray de dire que la vie de la
ſocieté ciuile dépend de la vie
de ces premiers Officiers, que
leur mort fait celle de la Republique, & que leur ſalut, au
contraire, fait celuy de l'Eſtat
en meſme temps : C'eſt ce qui
me fait conclurre que Sextius
Publius eſt criminel, qu'il eſt
coupable, & que ſelon la Loy
qu'il a violée, il doit eſtre puny exemplairement, ſelon la
teneur & la rigueur de la Loy.

L'EPILOGVE.

Dans l'Epilogue de ces sortes de Causes, on ne doit exciter principalement que les quatre passions suiuantes.

La Colere.
La Crainte.
La Haine.
L'Indignation.

La Colere des Iuges & de toute l'Audiance contre l'impudence de l'Accusé qui s'est promis la foiblesse ou la faueur des Iuges, pour son impunité, & pour estre renuoyé absous de son crime.

La Crainte, que l'impunité de ce crime ne donne la licence à beaucoup d'autres de faire la mesme violence, & de commettre le mesme sacrilege.

La Haine, pour le crime qui a esté commis.

L'Indignation, pour la grandeur & atrocité du mesme attentat.

CHAPITRE XXXII.

EXEMPLE,

Des Topiques, precedentes
de la Cause definitiue.

POVR LA DEFENSE.

PLAIDOYE

*De Ciceron, pour la deffence
de Sextius Publius.*

ARTICLE I.

Par la Definition.

MESSIEVRS,

Sextius Publius, ma Partie,
ne nie pas qu'il ait armé des

gens, qu'il les ait placez dans le Palais & dans les auenuës; mais il nie formellement qu'il les ait leuez, armez & posez dans le Senat, pour faire aucune insulte à Clodius Tribun du Peuple, ny a qui que ce soit; mais il souftient, au contraire, qu'il ne les a ainsi équipez & placez que pour sa propre deffense, non pas pour faire aucune injure; mais pour se venger de celles qui luy ont esté faites si souuent par le Tribun, & pour s'opposer à toutes celles qu'il a dessein de luy faire. Et si ce procedé est le procedé d'vne personne emportée & violente, qui fait injure & outrage à vn Tribun du Peuple, & s'il est de la justice de s'en plaindre, comme d'vn crime aussi atroce que celuy-là

& côme d'vn facrilege & d'vn
attentat, ainfi qu'on a voulu le
qualifier, il faut faire la mefme
plainte de Pompée qui a cômis
le mefme crime, dans la crainte qu'il auoit d'eftre accablé
des gens armez de Clodius qui
l'obligeoient ou de fe tenir ca-
ché chez luy, ou de prendre
des gardes auffi, qui le fuiuif-
fent & l'accompagnaffent par
la ville, lors que les affaires
de la Republique l'obligeoient
à fortir de chez foy pour monter au Senat.

ARTICLE II.

Par le Raisonnement.

ET qui ne voit, MES-
SIEVRS, qu'il y a vne
notable difference entre ces
deux diuerses manieres d'agir,
d'auoir vne puissante escorte
pour sa deffense, pour sa garde & pour son salut, ou de l'a-
uoir pour insulter aux Magistrats. La violence n'est jamais
violence que par l'offence &
l'outrage qui la suit & qui en
depend, comme l'effet dépend
de sa cause, & il n'est pas
moins juste d'armer ses domestiques pour sa deffence, qu'il
est injuste de s'en seruir pour
la perte des citoyens. On ne

peut

peut juger du mouuement de
la volonté que par l'action ex-
terieure qui la suit, elle porte
son caractere & son empreinte;
les desseins nous sont imperce-
ptibles, nous ne les connoissons
que par leur execution, de
même que la vie de la plante, sa
bonté & son excellence ne se
connoissent que par ses feüilles
& ses fruits. Si Sextius à fait violence à quelqu'vn, qui ne l'a-
uoit point offencé & irrité au-
parauant iusqu'au ressentiment, i'auoüe qu'il a fait violence & iniure à Clodius. Mais
enfin, si aucun n'a esté blessé
des gens de Sextius, & si nous
ne voyons point dans les informations qu'il y ait eu aucune effusion de sang, & que qui
que ce soit ne s'en plaigne; c'est
à tort & sans cause qu'on se

plaint de la violence qui a esté
faite par les gens de Sextius,
& qu'on l'accuse du crime de
l'emportement & de la violence.

ARTICLE III.

Par l'Esprit de la Loy.

LA loy porte, à-t-on dit,
que celuy, quel qu'il soit,
qui aura mis les armes en la main
de gens qui sont à sa solde, pour
faire injure à quelque Magistrat,
est coupable de la Loy qui deffend
& punit vn tel emportement, &
vne telle violence. Nous ne
voyons que de la iustice & de
l'equité dans cette Loy, si nous
nous arrestons à l'intention du

Legiſlateur, & à l'eſprit de la
Loy; il n'eſt rien de plus iniu-
ſte & de plus iniurieux que
cette Loy. Nous ne deuons
pas nous imaginer que le deſſein du Legiſlateur, dont nous
employons la Loy, ait eſté de
deffendre à qui que ce ſoit de
repouſſer la force par la force,
& de prendre des gardes pour
la ſeureté de ſa perſonne, de
prendre meſme de ſes gens, ſe
feroit la faire paſſer pour ridicule, & vouloir que les gens de
bien ſoient expoſez à la violence des ſcelerats, & des perſonnes emportées, & violentes.
Mais nous deuons ſoûtenir que
ſon intention eſt de deffendre
la leuée de gens de main, &
armez pour outrager les Magi-
ſtrats, les perſonnes publiques
& ſacrées.

K ij

ARTICLE. IV.
Par la Grandeur.

NOus ne nions pas, MES-
SIEVRS, que ce ne soit
vn crime atroce, vn sacrilege,
& vn attentat que de mettre la
main sur vn Magistrat, pour
luy oster la vie, & pour le massacrer; qu'à l'exemple de nos
Peres, nous deuons respecter
jusqu'à la veneration ; mais
nous ne pouuons auoüer, sans
nous trahir nous mesmes, &
estre preuaricateurs dans nostre propre cause, que Sextius
ait jamais eu dessein sur la vie
de Clodius, la Partie aduerse,
& s'il eust eu enuie de se des-
faire de ce puissant ennemy,

il y auroit employé d'autres
moyens qui euſſent eſtez plus
aſſeurez & plus couuers.   Il
apprehendoit trop le credit &
la puiſſance de Clodius, pour
oſer attenter à ſa perſonne, il
connoiſſoit trop bien la perſonne auec laquelle il auroit à
faire, qui auoit perſecuté Pompée juſqu'à la mort, qui auoit
fait chaſſer Ciceron, qui haïſ-
ſoit tous les bons citoyens:
Sextius Publius a eu ſuiet de
craindre la puiſſance d'vn ſi redoutable ennemy, il ne luy a
fait, ny ne luy a voulu faire
aucune injure, ny violence.

ARTICLE V.

Par la Comparaison.

SExtius Publius n'eſt donc pas coupable par la violence que ſes gens armez eſtoient capables de commettre; mais il faut examiner ce qu'il a fait par leur miniſtere. Ils n'ont bleſſé perſonne, dit-t-on, mais ils pouuoient en offencer de leurs armes. Et peut-on ſouſtenir en bonne juriſprudence que la volonté de commettre le crime, ſoit vn crime plus grand, plus atroce, & plus enorme que le crime meſme? Il a mis au Palais des gens armez, & dans les auenuës, par le miniſtere deſquels

il pouuoit en deffendre l'entrée à Clodius, & mesme luy
oster la vie ; & s'estans retirez
sans faire aucune injure, aucune violence, ny à Clodius, ny
à qui que ce soit, s'estant con-
tentez de proteger leur maistre, ils se sont retirez, & Sextius semblablement ; & on soustiendra que ce doux & respe-
ctueux procedé sera criminel,
& plus criminel que l'homicide mesme, & que le sacri-
lege !

L'EPILOGVE.

L'Aduocat dans sa conclu-
sion ne doit considerer principalement que les trois Passions
suiuantes, qui sont :
La Confiance.
La Pieté.

La Haine.

La Confiance, que L'Aduocat doit loüer, en faifant voir que l'Accufé eft fi bien perfuadé de fon innocence, & de la calomnie de fon accufation, qu'il ne craint point de comparoiftre en la Cour.

La Pitié, afin de porter les Iuges à fecourir l'innocent opprimé, & malicieufement accufé.

L'Enuie, afin de reprimer l'ambition, la violence, & l'authorité des Parties aduerfes.

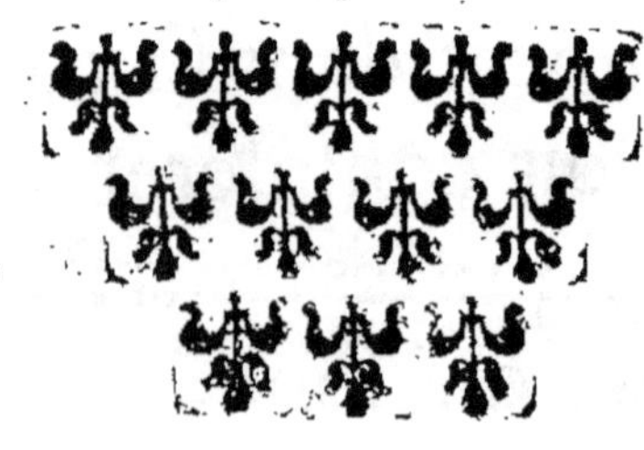

CHAPITRE XXXIII.

De l'Estat de la Qualité, en particulier;

C'est à dire;

De la Maniere de Plaider, la Cause juridique proprement prise.

LA Cause juridique proprement prise, & qui en regarde la qualité principale, c'est à dire, le droit ou l'injure, la justice ou l'injustice, est de toutes les Causes la plus difficile à bien plaider, par ce qu'elle suppose la connoissance des Loix, des arrests, des ordonnances, & des coustumes :

Pour plaider cette sorte de Cause auéc plus de methode, de lumiere, & de facilité, nous deuons remarquer qu'elle a deux especes principales, qui sont :

1. La Cause raisonnable, ainsi nommée, à cause qu'elle est fondée sur la raison qui la deffend.

2. La Cause legale ou legitime, ainsi appellée, à cause qu'elle est principalement appuyée sur les Loix qui la deffendent.

La Cause juridique raisonnable a pareillement deux especes, qui sont :

1. La Cause absoluë, ainsi nommée, à cause qu'elle maintient absolument le fait, com-

me jufte & équitable, directe-
ment, & fans aucun déguife-
ment.

2. La Caufe affomptiue, ainfi
appellée, à caufe qu'on la deffend, & qu'on la plaide indirectement & en biaifant en luy
donnant quelque couleur, &
en la couurant de quelque
pretexte.

La Caufe juridique raifon-
nable abfoluë a femblable-
ment deux efpeces, qui font:

1. La Negotiale.
2. La Iuridique.

La Negotiale eft ainfi nommée, à caufe qu'elle regarde le
commerce & le negoce qui a
quelques difficultez, dont la
decifion depend de la connoif-
fance du Droit ciuil: Comme
dans cette efpece, à fçauoir,
fi Neuius eft entré en poffeffion

des biens de Quintius en vertu de
l'Edict du Preteur, & si il l'y au-
thorise? Et si Archias, à qui les
Bourgeois d'Heraclée ont accordé le droit de Bourgeoisie, est reputé citoyen de Rome, par la Loy
de Carbon & de Syllanus, qui la
donne à ceux qui la tiennent des
villes aliées à la Republique.

La difficulté & l'ambiguité
du droit rend cette sorte de
cause plus difficile que le crime de l'action, qui est le plus
souuent tres-innocente.

La Cause raisonnable absoluë iuridique, est ainsi appellée, à cause du crime ou du
vice de l'action qui a ou plus
ou moins de droit, qui rend la
cause ou plus ou moins criminelle.

CHAPITRE XXXIV.

De la maniere de plaider la Cause juridique absoluë & la negotiale.

L'Vne & l'autre de ces deux sortes de Causes, la Iuridique & la Negotiale peuuent estre plaidées par les six Topiques suiuantes, qui font :

La Nature.
L'Equité.
La Loy.
La Coustume.
Les Arrests.
Les Contracts.

ARTICLE I.

Par la Nature.

LA Nature eſt vn droit naturel, ou pluſtoſt, nous donne un certain droit auec la naiſſance auquel il eſt impoſſible de reſiſter. Elle nous fait voir que quelque action conuient aux Loix naturelles, ou qu'elle ne leur conuient point, par les Topiques, ou termes ſuiuans.

La Religion.
La Pieté.
La Gratitude.
La Vengeance.
L'Obſeruance.
La Verité.

1. La Religion regarde la

crainte de Dieu, les Ceremo-
nies, le Culte & le sacrifice.

2. La Pieté nous fait rendre
à la Patrie, aux parens, aux
aliez, & aux amis les seruices
qui leur sont deus.

3. Par la Gratitude, nous té-
moignons à ceux qui nous ont
obligez le ressentiment que
nous en auons.

4. Par la Vengeance nous
repoussons l'injure qu'on nous
veut faire, ou à la Patrie, ou à
nos parens, ou à nos aliez, ou
à nos amis ; & nous en faisons
à ceux de nos ennemis qui
nous y obligent.

5. Par l'Obseruance, nous
respectons & honorons les
Vieillards, les Magistrats, &
ceux qui sont éleuez en quelque dignité, & qui ont beaucoup de merite.

6. Par la Verité, ou pour mieux dire par la Veracité nous nous tenons fermes & immuables dans la parole que nous auons donnée, & dans les promesses que nous auons faites.

C'est par ces Topiques que Ciceron fait voir que Cornelius Balbus est digne de quelque belle recompense, comme celle du droit de Bourgeoisie romaine, à cause des grands seruices qu'il a rendu à la Republique, quand il dit, *Si Imperatoribus nostris*, &c.

ARTICLE II.

Par la Loy.

Par la Loy nous entendons le Droit écrit, comme sont les Loix qui ont esté faites & portées par les Legislateurs, les Senatus - Consultes, les Plebiscites, les Ordonnances des Roys, &c. Le Demandeur se sert ordinairement de la Loy, & il fait voir qu'il faut s'y arrester, que c'est la seuerité des Loix, qui contient le Peuple dans son deuoir, qui conserue les Estats, qui recompense les gens de bien, & qui punit les coupables, qui entretient la paix &

l'vnion parmy les citoyens, &c.
Et c'est là qu'il faut faire l'éloge de la loy & du Legislateur,
par leur motif, le bien public,
par leur prudence, par leur seuerité, &c.

Le Deffendeur, au contraire, se seruira de l'equité pour
opposer à la Loy, ou du moins
pour l'adoucir; & tâchera de
faire voir que la loy se détruit
& se choque elle-mesme, qu'elle s'oppose à la nature, & qu'elle est contraire aux autres loix.
Voyez le Plaidoyé de Cic.
pour Cornelius Balbus, & celuy qu'il a fait pour Milon : *si*
tempus vllum est hominis necan-
di, &c.

ARTICLE III.

Par la Couſtume.

LA Couſtume, l'vſage, &
ce qui ſe pratique ordi-
nairement dans la conduite
des actions ciuiles ſont vne
meſme choſe, & comme la
Couſtume a la force de la loy
qu'elle oblige, qu'elle deffend
& qu'elle commande elle eſt
vne ſeconde loy.

Le Demandeur s'en ſert ainſi que de la loy, il ſouſtient
qu'il la faut obſeruer de point
en point, & à la rigueur, qu'elle eſt ſainte, ſacrée & inuiola-
ble, comme la loy.

Le Deffendeur, au con-
traire, ou l'Accusé se deffend
contre la Coustume, en faisant voir qu'il est facile d'abu-
ser de la Coustume, & que la
Cause à quelque chose de si
particulier, qu'elle est au delà
de la Coustume, qui n'a pas
peu preuoir la circonstance
du fait, dont il s'agit : On peut
aussi faire agir la Coustume
contre la loy, en faisant voir
qu'elle a esté abrogée par vne
autre pratique tout à fait contraire, en montrant qu'on en a
tousiours vsé de la sorte. C'est
ce que pratique Ciceron contre Balbus ; *Audebo etiam osten-*
dere nunquam esse condamnatum
quem constaret ab Imperatore no-
stro ciuitate donatum. Cognoscite
Populi romani judicium multis

rebus interpositum atque in maximis causis reipsa atque vsu comprobatum, &c.

ARTICLE IV.

Par *le* Contract.

PAr le Contract, ou Pact nous n'entendons autre chose que la stipulation, la transaction, ou l'accord, & le concordat qui s'est passé entre les Contractans, soit verbalement, & par de simples paroles, comme le serment, soit par escrit. Le Demandeur dira que les Contracts ont autant de puissance & de force que la loy, qu'il les faut tenir & garder religieusement, qu'ils sont

les plus solides fondemens de
la societé ciuile, dont le mépris & la negligence ne luy
peut estre que tres-pernicieux,
que toutes les Nations ont toûjours eu vne singuliere veneration pour ces sortes d'enga-
gemens.

Le Deffendeur, au contraire,
dira qu'il n'est pas de la iustice
d'auoir tant de respect & de
veneration pour des engage-
mens, ou temeraires, ou peu
judicieux, ou forcez, ou per-
suadez, ou contraires à la loy,
qu'il y a de la fraude & de la
surprise, (qu'il est obligé de
faire voir dans quelques-vnes
des clauses du Contract.)

ARTICLE V.

Par l'Equité.

Par l'Equité nous entendons cette douceur & vertu accommandante qui diminuë de la feuerité des Loix qui ont trop de dureté d'elles-mefmes, de la Couftume & des arrefts ; elle les adoucit & les accommode aux circonftances du lieu, du temps, & des perfonnes, par la judicieufe conduite des Magiftrats; fi bien qu'on peut dire que l'Equité n'eft autre chofe qu'vn droit, ou vne loy qui s'accommode raifonnablement aux cas qui fe prefentent, dont quelques circonftances n'ont pû eftre

preueuës par le Legiſlateur.
C'eſt à cette loy d'Equité qu'õt
recours les coupables contre
l'extreme rigueur de la loy, &
par laquelle ils repreſentent
aux Iuges que les loix ne com-
mandent ou ne deffendent
qu'en general, & iamais en détail, ou en particulier, les Le-
giſlateurs ne pouuant découurir toutes les circonſtances
qui ſingulariſent les actions
ciuiles, de meſme que les qualitez ſenſibles déterminent les
ouurages de la nature, & de
l'art, eſtant conſtant que l'ex-
treme rigueur de la loy paſſe-
roit bien ſouuent pour vne
cruauté & pour vne tyrannie,
Summum jus, ſamma iniuria.
Il ne s'eſt iamais trouué de Legiſlateur qui ait eu aſſez de va-
nité, pour ne rien dire de plus,
qui

ait tant presumé de soy-mesme
& de sa suffisance, que de s'i-
maginer qu'il peût donner vne
loy qui s'accommodaft si bien
à tous les faits particuliers,
qu'il ne fuft pas loisible d'y rien
adjoufter ou retrancher, afin
de l'accommoder au temps, au
lieu & aux personnes:& il n'y a
point eu de Peuples, pour peû
raisonnables qu'ils ayent esté,
qui n'en ayent toufiours vsé
de la mesme maniere, & qui
ne les ayent expliquées, enten-
duës & appliquées auec le plus
de douceur qui leur a esté pos-
fible. C'est ainsi qu'en vsa Ciceron, lors qu'il fit voir que
Pompée eut raison, & qu'il luy
fut loisible d honorer Cornelius Balbus de la Bourgeoisie
de Rome, quoy que la loy s'y
oppofaft formellement ; ce

L

qu'il ne pouuoit refuser, aux grands seruices qu'il auoit rendus à la Republique dans ses plus pressantes affaires. *Nunc vero quid dicitur ? Quid ait accusator fecisse Pompeium, quod ei facere non licuerit, &c. Nascitur Cornely causa ex eâ lege quam L. Gellius, Cn. Cornelius ex Senatus sententia tulerunt, qua lege videmus satis esse sanctum, vt Ciues romani sint ij, quos Cn. Pompeius de Consily sententia sigillatim ciuitate donauerit,* & le reste de la harangue.

ARTICLE VI.

Par les Arrefts.

PAr les Arrefts nous n'entendons autre chofe que les jugemens ou arrefts qui ont efté donnez en femblables caufes, qu'on appelle decrets & dernieres volontez, contre lefquels il n'eft pas permis d'agir & de fe deffendre.

Le Demandeur fe fert des arrefts qui luy font fauorables, & dit que la Caufe, pour la decifion de laquelle ces Arrefts ont efté prononcez, eft tout à fait femblable à la fienne. Il fait l'éloge des Arrefts, il fait voir qu'ils font tout à fait dans l'équité, qu'il n'eſt rien de plus ſaint, de plus judicieux, & de plus raiſonnable.

Et le Deffendeur, au con-troire, voyant des Arreſts qui luy ſont contraires, & pour leſquels il ne peut auoir que beaucoup de veneration & de reſpect, dira, pour ſa deffenſe, que la Cauſe, dont il s'agit, eſt toute autre que cellequi a don-né lieu à ces Arreſts, & que les circonſtances en ſont ſi diffe-rentes qu'il n'y a que les aueu-gles qui ne les puiſſent pas diſ-cerner. *Voyez* la deffenſe de Ciceron pour Balbus. *Ni il habet ſimilitudinis iſta accuſa-tio, &c.*

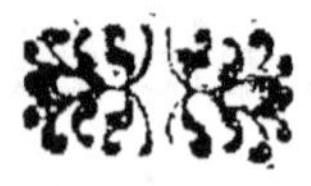

ARTICLE VII.

Par la Volonté.

DAns ces sortes de Cau-
ses juridiques, ou il s'a-
git du droit, & dans le dére-
glement des actions, ou il
y a tousiours quelque peu de
crime meslé, la preuue du Volontaire, ou de l'inuolontaire
fait beaucoup, & pour le demandeur, & pour le Deffendeur ; estant veritable qu'il y
a souuent des criminels innocens, qui font du mal, & qui
en causent sans connoissance
& sans dessein d'en faire, & de
nuire à qui que ce soit.

Le Demandeur employe le
olontaire, & fait voir que

l'Accusé, ou le defendeur a fait de concert tout ce qu'il a fait, & que toutes les circonstances qui rendent vne action volontaire & criminelle se trouuent dans le fait donr il s'agit.

Le Deffendeur, au contraire ; fera voir que l'action est tout à fait inuolontaire, ou par ignorance, ou par violence, & qu'elle est tout à fait opposée au naturel, aux mœurs, & aux inclinations de la personne qu'on accuse. *Voyez la Cause conjecturale.*

CHAPITRE XXXV.

EXEMPLE,

De la Cause juridique
Absoluë.

POVR L'ACCVSATION.

Manlius Torquatus est accusé de cruauté, pour auoir fait mourir son fils, qui auoit combatu contre ses ordres.

Par la Nature, la Religion, la Pieté, &c.

MESSIEVRS,

Le Crime qui paroist au-
jourd'huy en l'Audiance, est si

estrange, & si éloigné des
sentimens de la nature la plus
douce & la plus tendre,
qu'il passe en cruauté, & en
barbarie, tout ce que l'imagination peut conceuoir de
plus inhumain, de plus cruel,
& de plus barbare. Les Bestes
les plus feroces, les plus sauua-
ges, & les plus carnacieres ay-
ment leurs petits, elles les flatent, elles les cherissent, & si
quelques passans, ou quelques
chasseurs les leur rauissent, elles les reclament par je ne sçay
quels secrets & doux sentimens de la nature, elles ne
donnent aucune treue à ceux
qui les ont enleuez, & la crainte des armes, & la pesanteur
des coups qui sembleroit les
deuoir intimider & retarder
leur vitesse & leur ampresse-

ment à les redemander, ne
sert qu'à redoubler leur coura-
ge, & à leur donner de nouuelles forces pour venger la foiblesse & l'outrage de leur por-
tée qu'elles aiment plus tendre-
ment qu'elles-mesmes. Mais
Manlius Torquatus ferme les
aureilles aux cris de la nature,
& deuenu plus insensible que
les marbres, plus sanguinaire
que les bestes les plus carnacieres & plus cruel que les Ty-
gres mesme, il ne se contente
pas d'abandonner son enfant
à la rigueur de la justice, mais
de plus, il le deschire, il le met
en pieces, & il le tuë luy-
mesme.

IE sçay bien, MES-
SIEVRS, que les Loix
donnent vne grande authorité
aux Peres sur leurs enfans,
qu'elles les rendent les arbitres
de leur bonne ou de leur mauuaise fortune, & qu'ils sont
les maistres de leur vie & de
leur mort. Mais qui a jamais
leu ou ouy dire qu'vn Pere, ait
esté assez inhumain pour se seruir de ces Loix, qui n'ont esté
accordées à la requeste de
quelques malheureux peres
que pour arrester l'emportement de quelques enfans refra-
ctaires & desobeïssans, les ait
employées pour faire mourir le
sien, seulement à cause que
contre ses ordres, ou pour
mieux dire sans ses ordres, il
auoit donné combat, & vain-

cu les plus redoutables enne-
nemis de la Republique.

Par la Coustume.

CE cruel procedé de
Manlius Torquatus en-
uers son fils, est si étrange & si
extraordinaire, que les Romains, non seulement & les
autres nations les mieux in-
struites & les plus ciuilisées ont
eu de l'aduersion & de l'horreur pour ces manieres d'agir,
qu'ils ont tousiours traitées de
cruauté & de crime ; mais mesmes les autres nations les
moins policées & les plus sau-
uages, qui n'ont de la rigueur
& de la cruauté que pour ce
qui n'est point humain: & bien
loin de massacrer leurs enfans
pour en faire des exemple

d'horreur à la posterité; ils les flatent & les éleuent auec beaucoup de soin & de tendresse, & leur apprennent toutes les choses qu'ils croient leur estre necessaires.

Par les Arrests.

ET ne sert de rien de me dire qu'on a eu de l'estime & de l'admiration pour cette cruelle sentence de mort de Brutus, à l'encontre de ses deux enfans; il y a vne grande difference entre ces deux actions. La liberté romaine que Brutus venoit de leur donner, estoit toute nouuelle, elle estoit tendre & delicate; il faloit peu de chose pour la blesser & pour l'estouffer, ces deux malheureux enfans ne pou-

uoient remettre Tarquin sur le
Trône, duquel Brutus le venoit de chasser qu'il n'expo-
sassent à la cruauté du Tyran,
& leur Patrie & leur pere, qui
leur deuoient estre la plus precieuse chose du monde. He!
qui a-t'il dans l'action de Manlius le fils, de sēblable à celle des
deux enfans de Brutus? Rien du
tout. Il a combatu, il a exposé
sa vie pour le salut de sa Patrie,
il a vaincu ses ennemis, il a
asseuré la liberté de l'Estat, &
conserué la dignité & la gloire
de l'Empire.   Et les enfans de
Brutus au contraire, &c.

Par l'Equité.

QVi ne voit qu'il y a de
l'injustice & de l'ini-
quité dans le procedé de Man-

lius Torquatus ? Qui a-t-il de
plus inique, de plus injurieux
& de plus opposé au bien de la
Republique, que de faire mourir en la fleur de son âge vn
citoyen de Rome , d'vne si
grande esperance? N'est-ce pas
renuerser l'vne des principales
colónes de l'Estat, que de me-
tre à mort le chef de ceux qui
l'ont si bien conserué ? Il a
deffendu la liberté romaine
qui estoit attaquée par ses ennemis, & preste à succomber;
les autels qu'on alloit profa-
ner, les familles qu'on alloit
ruiner, les maisons qu'on alloit piller , les campagnes
qu'on alloit desoler, les jeunes
gens qu'on alloit mettre aux
fers, les Vierges qu'on alloit
polluer, & les vieillars qu'on
alloit égorger. Quelle action

peut-estre plus équitable que
celle-là, plus genereuse & plus
recommandable ? Et qu'elle
action plus barbare, plus inhu-
maine & plus inique que de
faire mourir ignominieuse-
ment vn jeune Capitaine, à
qui la Republique auoit de si
grandes obligations ? Iamais ce
jeune citoyen n'a offencé personne. Qui vit jamais plus de
moderation dans vn jeune Seigneur ? Il a conserué sa vie
dans le temps que les ennemis
de l'Estat la luy vouloient rauir, & n'a pû éuiter le combat
dans lequel il l'a valeureuse-
ment conseruée? Qu'y à-t-il de
plus juste & de plus naturel ? Il
a par maniere de dire, retiré la
Republique qui alloit se voir
dans les fers. Que sçauroit-
on souhaitter d'vn jeune Ro-

main, de plus digne de la ge-
nerosité romaine? Et qu'y à-t-il
enfin de plus cruel & de plus
injurieux à l'Estat que de faire
perir sous la hache, en la fleur
de son âge, vne plante qui
nous promettoit vne grande
abondance de fruits tres-ex-
cellens?

Par le Contract.

IE sçay bien que Manlius
Torquatus auant son de-
part, luy deffendit de combatre, & de souffrir qu'aucunes
Troupes combattissent auant
son arriuée. Ie sçay que Manlius le fils, & tous ses compa-
gnons souscriuant à cet ordre, promirent & jurerent so-
lemnellement de perir plustost
que d'y contreuenir. Mais en-

fin qui peut dire que c'eſt contreuenir aux ordres du General , & violer la parole qu'on a
ſolemnellement donnée , que
de chaſſer les ennemis qui
commençoient des-ja de forcer les lignes du Camp,& d'en-
leuer les bagages ? Et qu'eſt-ce
qu'a fait Manlius le fils, ſi ce
n'eſt de repouſſer la force par
la force ? Il a combatu , apres
y auoir eſté forcé par les ou-
trages des ennemis , ſans qu'il
euſt fait aucune mine de les
vouloir attaquer & prouoquer,
au combat, à cauſe des expreſ-
ſes deffenſes qui luy en auoient
eſté faites en prenant congé
du General Manlius Torquatus ſon pere.

L'EPILOGVE.

Les paſſions qu'il faut exci-

ter dans cette sorte de Plaidoyé
sont celles du Genre judiciaire
dont nous auons parlé dans les
Plaidoyez precedens.

ADVIS.

Il faut remarquer que toutes
ces Topiques ou cõsiderations
generales doiuent estre étof-
fées, embellies & estenduës,
ou amplifiées par celles de
l'amplification, dont nous parlons dans nostre Rhetorique
du sens-commun, & dans nostre Masque des Orateurs.

CHAPITRE XXXVI.

EXEMPLE,

De la Cause juridique
absoluë.

POVR LA DEFENSE.

Manlius Torquatus se def-
fend & se justifie du cri-
me dont on le vient d'ac-
cuser.

Par la Nature.

MESSIEVRS,

La Nature qui inspire aux
parens l'amour & la tendresse
pour leurs enfans, est la mes-

me qui pousse & qui sollicite les enfans à rendre à leurs parens l'amour, le respect, & la reconnoissance qu'ils leur doiuent indispensablement. Et ces mesmes enfans ne peuuent violer cette diuine pieté qu'ils doiuent auoir pour leurs parens, sans se rendre indignes de celle que leurs parens doiuent auoir pour eux, par je ne sçay quels secrets sentimens de la nature. Ou trouuerons-nous vn plus grand exemple d'impieté & de peu de respect, de fierté & de desobeïssance d'vn fils pour vn pere, & pour vn Consul ? Ou trouuerons-nous vne plus grande opinia-treté & vne rebellion plus con-sommée, & plus dangereuse, d'vn fils au regard des ordres d'vn pere, que celle de Man-

lius le fils, aux ordres exprés
de Manlius Torquatus, Conful, fon pere, qui eftoit le General de l'Armée, & fur les foins
de qui fe repofoit tout l'Empire romain, en la feule perfonne de qui refidoit toute la
force de la Republique, qui
auoit la conduite des Troupes
qui faifoient fa feule deffenfe,
& dont la perte, par la negligence du Conful, faifoit celle
de toute la puiffance romaine

Par la Loy.

IL n'eft point de Commu-
nauté ou les Loix foient
plus feuerement obferuées que
dans la guerre; elles n'excep-
tent qui que ce foit, elles com-
mandent egalement à tous, &
les obligent tres-eftroitement:

Elles veulent qu'on se soume-
te aux ordres du Consul, &
ceux principalement qui sont
plus esleüez dans les charges
& dans les dignitez, doiuent
seruir d'exemple aux autres,
qui sont, ou les moindres Officiers, ou les simples soldats: la
necessité d'obeïr est egalement
imposée à tous ceux qui com-
posent le corps de l'Armée, &
il n'y a point aussi de societé
où les fautes soient punies plus
rigoureusement & plus exactement que dans la guerre, & où
il n'est pas permis de commettre deux fois impunement vne
mesme faute, & sur tout celles de contumace & d'opinia-
treté.

Par la Couſtume.

ET ne penſez pas que ce ſoit ſeulement parmy les Romains, dans les Armées, dans les Prouinces, & dans la ville meſme que s'obſerue ſoigneuſement la rigueur de la Loy. Il n'y a point de nation quelle qu'elle puiſſe eſtre, ou cette loüable couſtume ne ſoit religieuſement obſeruée. Les Gaulois n'auoient aucune miſericorde pour qui que ce fuſt qui ſe trouuoit le dernier au rendez-vous, & dans le champ de bataille, apres le temps expiré: ſoit qu'il fuſt ou parent, ou alié, ou amy, ou fils de l'Empereur; on l'expoſoit à toute ſorte de ſupplice: à plus forte raiſon auroient-ils

puny vn fils rebelle & refractaire qui auroit combatu sans
auoir receu les ordres du General.

Par les Arrests,

LE genereux procedé de
Brutus suffit pour la deffense de cette Cause. Il n'a
pas crû qu'il falust auoir aucun
egard, ny à son sang, ny à ses
enfans, lors qu'il s'agit du salut de la Republique. Il est le
premier des Romains, & con-
sequemment le plus loüable,
qui a fait voir par vn exemple domestique, que les soins
qu'vn Consul doit auoir pour
la Patrie, doiuent estre infiniment plus grands que ceux
qu'il doit prendre pour ses enfans. Torquatus a suiuy &
imité

imité ce grand & fameux e-
xemple. Qui est-ce qui l'en
peut blâmer & reprendre ?

Par l'Equité.

L'Equité mesme exigeoit
de sa justice cette puni-
tion exemplaire, quand la
coustume ne luy auroit point
obligé. La societé ciuile & la
Patrie est la mere commune
des citoyens ; ceux qui ont le
soin de ses interests la doiuent
preferer à leurs propres auantages, & si le moindre des soldats doit cherir le bien de l'E-
stat plus que sa propre vie,
n'est-il pas juste que l'Armée,
qui est pour la conseruation
& pour la gloire de l'Estat, soit
mille & mille fois plus chere,
& plus precieuse au Consul

M

que la vie de ſes propres enfans ?

Par le Contract

IL ſembloit que le Conſul
preuiſt le malheur qui luy
deuoit arriuer en la perſonne
de ſon fils ; car auant qu'il ſor-
tiſt du camp, il obligea par
ſerment tous les ſoldats & tous
les officiers à ne point combatre, qu'il ne fuſt de retour,
ou qu'on n'euſt receu ſes ordres. Ce fils rebelle & refractaire aux ordres du Conſul
ſon pere, apres le ſerment ſo-
lemnel, & ſa foy jurée, viole
les ordres de ſon pere, & tranf-
greſſe ſon commandement. Il
expoſe à l'incertitude du ſuc-
cez d'vne bataille, le ſort & la
fortune, le ſalut & la gloire de

l'Empire. Et apres cela, faut-il
qu'il ne se trouue personne qui
ait tant soit peu d'equité pour
l'equitable & le genereux Torquatus, & qu'on ne cesse point
de le blâmer, à cause qu'il a
fait mourir son fils, qui a pen-
sé perdre la Republique , &
détruire dans vn seul mo-
ment ce grand ouurage de
tant de siecles.

L'EPILOGVE.

Il est de la prudence de l'Aduocat qui deffend l'Accusé de
voir quelles sont celles des
passions du Genre judiciaire,
dont nous auons parlé dans le
Chap. XXXV. pag. 242. lig. 1.
qu il doit exciter dans la fin
de son Plaidoyé.

CHAPITRE XXXVII.

De la Cause assomptiue.

C'est à dire,

De la maniere de plaider la Cause colorée, ou la deffense pretextée & in-directe.

LA Cause assomptiue ou colorée à quatre princi-pales Topiques, d'ou elle nous fournit les quatre principales couleurs dont l'Aduocat colo-re la deffense de l'Accusé, qui sont,

La Comparaison.
La Relation.

La Remotion.
La Purgation.

La Comparaison ou le Parallele est l'action de l'Aduocat, par laquelle il fait le rapport de ce qui s'est fait, auec ce qui se pouuoit faire, mais qui estoit plus dangereux & plus pernicieux à l'Estat, à la famille, à Titius, à Meuius, &c. pour montrer qu'il a suiuy la simple lumiere de la raison, qui nous enseigne à preferer le moindre des maux au plus grand, comme le plus grand bien au moindre : comme dans cette Loy. *Celuy qui refuse les alimens à ses pere & mere est coupable.* Titius fait difficulté de nourir son pere. Celuy qu'on accuse se deffend par cette raison. C'est que se voyant dans vne si grande indigence &

manque de viures qu'il faloit
qu'il abandonnaſt à la faim, ou
ſon pere, ou ſa femme, il a
crû qu'il eſtoit plus raiſonnable qu'il abandonnaſt ſon pere,
afin de conſeruer ſa femme.

Les Declamatiōs de Quin-
titien ſont toutes remplies de
ces ſortes de raiſons.

La Cauſe aſſomptiue ou
colorée ſe plaide par les meſmes Topiques que la Cauſe
judiciaire proprement priſe.
La Nature, la Loy, la Couſtume, les Arreſts, l'Equité, le
Contract : Mais il faut ſoigneuſement remarquer que les
deux principaux mobiles du
Plaidoyé de la Cauſe aſſomptiue, ſont l'auantage ou le profit, & le dommage ou la perte,
ainſi qu'ils l'ont eſté dans la
penſée de ceux qui ont agy,

& qu'on accuse, & qu'on deffend.

Le Demandeur niera que le
danger ou la perte fust aussi
grande dans l'autre rencontre
& dans l'autre face, qu'il faloit prendre ses mesures & ses
moyens d'vne autre maniere,
&c.

Le Deffendeur, au contraire, soustiendra. & monstrera
par toutes les Circonstances
qu'il estoit impossible d'en vser
autrement.

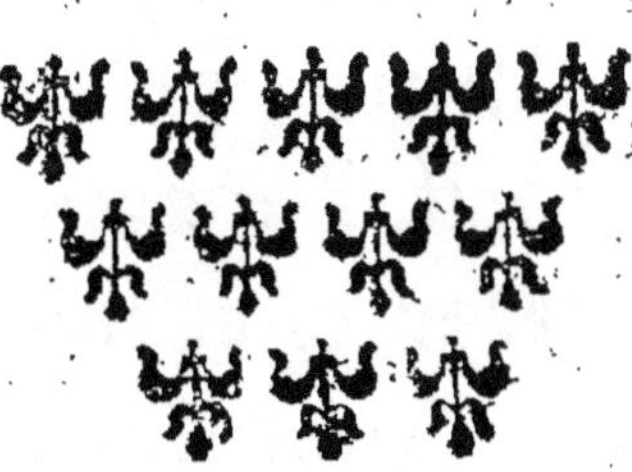

CHAPITRE XXXVIII.

De la Relation.

LA Relation, la reaccu-sation, ou la rejection & le tranfport relatif eft l'action de l'Accufé, ou celle de l'Aduocat, par laquelle il a-uoüe le fait dont on accufe fa Partie, mais de telle forte qu'il accufe auffi, & font l'vn & l'autre pour ainfi dire vne ac-cufation mutuelle, en s'accu-fant l'vn l'autre ; pourueu que (par le motif, l'occafion, le fu-jet, ou autrement, felon la di-uerfité des circonftances)l Accu-fé puiffe s'excufer, en colo-rant le crime à fon égard, la beueuë ou autre cas fâcheux, & en le diminuant. C'eſt ainſi que Milon ſe deffend contre les amis de Clodius ſes parties; il auouë qu'il l'a tué, mais il le fait l'autheur, ou la cauſe principale de ſa mort qu'il tire des embuſches qu'il luy auoit dreſ-ſées. C'eſt ainſi qu'Oreſte ſe deffend du crime de la mort de ſa mere qu'il reiette ſur elle-meſme, à cauſe qu'elle auoit fait mourir Agamemnon.

Nous deuons remarquer qu'il y a cinq principales raiſons, dont le Demandeur ſe ſert ordinairement.

1. Il repreſente qu'il n'eſt pas bien aueré & bien conſtant que celuy, ſur lequel on rejette la faute & le crime, ait fait quelque injure & quelque deplaiſir à celuy qui s'excuſe

M

& se deffend du crime.

2. En cas qu'il fuſt conſtant qu'il luy euſt donné quelque ſujet de plainte ; qu'il n'eſt pas ſi grand & ſi ſenſible qu'il en duſt vſer de la ſorte qu'il en a vſé, & en venir à de ſi grandes extremitez.

3. Que ce n'eſt pas vne neceſſité mutuelle que celuy qui a receu vne injure de quelqu'vn, luy en faſſe vne autre, & qu'il la faſſe, ſans comparaiſon, plus ſenſible & plus outrageuſe.

4. Qu'il y a d'autres voyes de ſe vanger & de ſe ſatisfaire. Il le faloit appeller en jugement. Il faloit recourir à la Loy. Il le faloit empeſcher. Il le faloit arreſter priſonnier, &c. Comme dans l'accuſation de Manlius, qu'on accuſoit

d'auoir fait mourir fon fils, on
pouuoit alleguer qu'il auoit
lieu d'vfer autrement de la
puiffance paternelle, que les
Loix luy donnoient fur fon
fils.

5. Qu'il eft de l'intereft de
la focieté publique de ne point
appuyer vn procedé auffi am-
porté que celuy-là, que ce feroit ouurir la porte à la licence,
& mettre les armes dans la
main des peres qui n'auroient
pas toufiours la difcretion d'en
bien vfer, comme il fe voit
dans ce funefte exemple, &
s'il eftoit permis de fe fatisfaire
foy-mefme, & de donner des
exemples foy-mefme de fa propre feuerité.

Le Deffendeur, au con-
traire, exagerera l'injure qu'il
dit auoir receuë, par les circon-

stances mesmes, *le fait, le lieu,
le temps*, & il en fera de si naïf-
ves Peintures (en y employant
toutes les couleurs de la description, & les mouuemens
mesmes, par les expressions les
plus touchantes, & les plus
fortes) que les Iuges puissent
voir & entendre, que la Partie complaignante, n'a point
eu d'autre mal que celuy qu'elle meritoit, qu'il n'y auoit pas
lieu d'en vser autrement, &
d'en remettre la vengeance à
vn autre temps, & mesme de
le faire appeller en justice, que
la necessité l'y a obligé, qu'il
deuoit cet exemple à l'Estat,
qu'il n'a pû retenir l'impetuo-
sité des autres qui le vouloient
outrager, que par cet exemple
de sa seuerité.

Cette maniere de se deffen-

dre deuient facile à celuy qui
se deffend, ou à l'Aduocat qui
en entreprend la deffence, par
les diuerses circonstances des
cas qui se presentent, & on
peut dire que l'art se soutient
par l'abondance & la fecondité de la matiere, ainsi qu'il se
voit dans la Milonienne. *Si
tempus est ullum iure hominis ne-
candi quæ multa sunt, certe illud
est non modo justum sed etiam ne-
cessarium.*

C'est aussi en ce mesme endroit que le Deffendeur se seruira des Topiques precedentes de la Cause judiciaire absoluë, la Nature, la Loy, la
Coustume, les Arrests, &c.
dont nous auons parlé dans le
Chap. XXXIV. pag. 213.

CHAPITRE XXXIX.

Par la Remotion.

LA Remotion, ou l'éloi-gnement est vne autre forte de transport oratoire, par lequel la personne accusée, en suite de l'adueu du fait dans ses principales circonstances & la volonté principalement, rejette la faute sur tout au-tre que sa Partie, & sur tout autre chose quelle qu'elle puis-se estre, pour l'excuser & pour la justifier.

1. Sur vne autre personne, comme si des Ambassadeurs & Plenipotétiaires enuoyez dans vne Diete, pour vne affaire de

là derniere importance pour le bien de l'Estat, & sans auoir rien negocié, s'ē retournoient, seulement à cause que le Tresorier de l'épargne n'auroit pas fait compter l'argent qui leur auoit esté ordonné pour leur subsistance, pendant le temps de leur ambassade, & de leur amploy ; car bien loin de s'accuser eux-mesmes, ils accusent, ou la malice du Tresorier, ou sa trahison, ou son envie, ou sa vengeance, &c.

2. Sur toute autre chose, quelle qu'elle puisse estre ; cōme si vn General d'armée leue le siege de deuant vne place qu'il tenoit assiegée depuis plusieurs mois, & qu'il estoit sur le point de reduire, à cause de la peste qui rauageoit son Ar-

mée, il auoüe qu'il est malheureux, mais qu'il n'est pas coupable, & que ne pouuant resister a vn aussi puissant ennemy
que la Peste, il a deu ceder à
la puissance de la pressante necessité. Il est vray, j'ay peché
en leuant le siege, mais cette
action est plus excusable qu'elle n'est blamable, & j'ay crû
qu'il valoit mieux faire la perte d'vn siege, & de sa leuée
que d'y demeurer plus long-
temps, en danger de perdre
toute l'armée que la peste rauageoit, & de ne pas reduire
la place : & c'est ainsi que l'accusé est obligé de se deffendre,
& qu'il le peut faire par ces
sortes de raisons, qui se tirent
des faits mesmes, & que leurs
Aduocats peuuent découurir

facilement pour peu qu'ils les
eſtudient, & qu'ils les exami-
nent.

Et le Complaignant, au
contraire, ſouſtiendra ou qu'il
n'y a point de cauſe de cette
nature, qui ait donné lieu à la
leuée du ſiege, ou à quelqu'autre action, comme celles qui
n'ont point d'autre principe
que les mouuemens de l'ame,
comme ſont les paſſions, l'a-
mour, la crainte, la haine, la
lacheté, & les autres qui doiuent eſtre ſoûmiſes à noſtre
puiſſance. En ſuite, il repre-
ſentera que les cauſes & les
pretextes qu'on allegue ſont
veritables, mais qu'ils ne ſuffi-
ſent pas pour faire qu'vne a-
ction de cette importance ſoit
excuſable, bien loin d'eſtre
loüable: qu'il y auoit d'autres

voyes qu il faloit employer, &
pour éuiter le mal & pourvoir
à son salut, & à celuy de la Republique.

Il est encore de la prudence
& du Demandeur & du Def-
fendeur de se seruir, dans l'accusation & dans la deffense, des
six Topiques de la Cause judiciaire proprement prise, qui
sont la Nature, la Loy, &c.

CHAPITRE XI.

Par la Purgation.

PAr la Purgation ou confession nous entendons cette action de la personne accusée qui ne denie pas le fait, elle l'auoüe, mais elle se deffend du crime, elle nie en estre la cause, & y auoir contribué de sa volonté le moins du monde, & elle se couure des trois circonstances, qui suiuent:

L'Indigence.
Le Malheur.
L'Imprudence.

De l'Indigence & de la faim, comme dans l'exemple de cette malheureuse mere,

en Ierusalem, qui ne pou-
uant plus se deffendre de la
faim, qui la deuoroit, tua son
enfant, & en fit sa nourriture.

Du Malheur, comme on
a veu des flotes toutes en-
tieres que la peste, des sables
& la tempeste mesme a fait perir dans vne nuit, ainsi que
celle de Philippe, qu'il appel-
loit inuincible, & dont la perte l'obligea de dire au General, qui la commandoit, sans
beaucoup s'esmouuoir, qu'il
ne l'auoit pas équipée pour
combatre les vents, bien loin
de faire mourir quelques Officiers qui n'estoient échappez
du nauffrage, qu'afin d'en apporter les tristes nouuelles.

De l'Imprudence, comme
dans l'exemple de quelques
domestique, & de quelques

amis, qui de nuit penſant charger ou les voleurs, ou les ennemis, chargent leur maiſtre
ou leur amy, & le tüent.

Et le Complaignant, au contraire, dira que l'Accuſé s'eſt
luy-meſme cauſé cette diſgra-
ce, qu'il en a recherché l'occaſion auec empreſſement, qu'il
n en a ainſi vſé que par les motifs de l'amour ou de la haine,
& de quelques autres paſſions.

Il faut remarquer que les
Topiques du Volontaire & de
ſes motifs, dont nous auons
parlé dans l'eſtat conjectural,
en parlant des cauſes mouuan-
tes de la volonté, doiuent
eſtre employées en cet endroit, & par le Demandeur, &
par le Deffendeur, ainſi qu'il
ſe peut voir dans la Ligarien-
ne. *Cic. pro Ligario.*

CHAPITRE XLI.

De la Deprecation.

CEtte Cause peut encore
estre plaidée, par la De-
precation & par la Priere, qui
est l'action de la personne accusée, qui a recours à la compassion, se reconnoissant coupable, & dans l'impuissance
de se pouuoir excuser, & d'employer les couleurs & les ad-
dresses de l'Eloquence & des
Critiques pour trouuer dans
les Loix vne juste deffense, à
l'exemple de l'Empereur qui
vouloit que Tribonien le fameux Iurisconsulte, justifiast
par les Loix vn inceste qu'il a-

uoit commis. C'est-là que
l'Accusé doit employer toutes
les raisons qui sont propres
pour obtenir le pardon & la
grace qu'il demande par les
raisons qui sont les plus touchantes, les plus pressantes, &
les plus engageantes qui se tirent des Circonstances du fait
dont il s'agit, qui sont le Complaignant, l'Accusé, l'Estat,
les amis, les aliez, les voisins,
les seruices rendus, & ceux qui
se peuuent rendre; la naissance, la nature, la mort, &c.
ainsi que nous le voyons dans
la deffense de Cicéron pour
Legarius: *I'ay peché Seigneur,
je me suis emporté, mais j'en ay
du desplaisir, je m'en repens, &
j'ay recours à vous-mesme, & i'en
appelle de Cesar irrité, & iuste-
ment outragé à Cesar debonnaire,*

pacifique, glorieux, & clement,
Erraui, Cæsar, temere feci, pœni-
tet, ad clementiam tuam confu-
gio, &c.

Nous deuons remarquer que la priere ne doit & ne peut estre propremét employée que dans les accusations, qui ne se peuuent détruire & palier en façon quelconque, & qu'il faut en accuser les mouuemens & les inspirations de la nature, dont les premiers sentimens sont si difficiles à reprimer. Et que c'est dans cette sorte de Cause principalement que consiste l'art de fléchir, & de faire naistre les passions, ainsi que nous le faisons voir dans celuy-cy que nous auons fait en faueur des jeunes Aduocats.

CHAPI-

CHAPITRE XLII.

EXEMPLE,

De la Cause assomptiue,
ou colorée.

Deffense de Manlius Tor-
quatus le fils, & accusa-
tion de Manlius Torqua-
tus le pere.

Par la Comparaison.

HE! quel est ce grand mal,
je vous prie, MESSIEVRS,
qui peut naistre de ce procedé?
Quelles sont ces si dangereuses
consequences qu'on voudroit
faire sonner si haut? Car enfin,

N

pour dire les choses comme
elles sont , & declarer inge-
nuëment ce que nous en pen-
sons, nous auoüons volontiers
que le ieune & malheureux
Manlius a failly en combat-
tant , & passant sur le ventre
aux ennemis, sans les ordres, &
contre les ordres du Consul
Manlius son pere : nous con-
fessons qu'il est blamable, &
qu'il est punissable ; mais apres
tout , le mal qu'il a fait à la
Republique, en la deliurant de
la seruitude penible & honteu-
se , n'est point si grand & si pernicieux que le Consul son pere deust oster à l'Estat , vn si
valeureux Capitaine, & à soy-
mesme vn si digne fils. Quelle
necessité, ie vous prie, y auoit-
il de le rauir à la Republique
dans la fleur de son âge, en luy

rendant de si glorieux seruices & si importans ? Et pour
peu que nous reflechissions sur
le procedé & du fils & du pere,
du fils qui a combatu & vaincu de si puissans ennemis contre les ordres du General; & du
pere qui oste à la Republique
vn si puissant appuy, & aux
ennemis vn si redoutable Capitaine, ie ne doute point que
le dommage que nous souf-
frons dans la perte du fils, ne
soit infiniment plus grand que
les consequences fâcheuses du
mauuais exemple qu'on en
apprehende pour la posterité.

Par la Relation.

D'Ailleurs ne peut-on pas
dire que s'il y a du crime
dans cette action, il vient

du pere & non du fils ; & que
s'il y a quelque criminel, il faut
que ce soit le pere, & non pas
le fils. C'est le pere sans doute
qui a failly, en ne limitant pas
& n'accompagnant pas sa deffense de toutes les circonstances qui accompagnent les ordres d'vn General de Troupes qui sont de la derniere
consequence. *Il a deffendu sur
peine de la vie de combattre les
ennemis, qu'il ne fust de retour.*
Voilà les termes de la deffense,
& du commandement du
General. Il n'y a point d'Of-
ficier tant soit peu raisonnable
qui n'ait entendu par ces paroles, *que le Consul auoit deffendu
sur peine de la vie, de se presenter dans le champ de bataille, de
prouoquer les ennemis au combat,
& de leur donner bataille, auant*

ſon retour qu'aucun ne comba-
tiſt. Mais on ne s'eſt iamais
aduiſe de penſer que le Conſul par cette ordonnance &
par cette deffenſe expreſſe ait
deffendu de repouſſer l'ennemy lors qu'il ſe preſenteroit
pour forcer les lignes du camp,
pour mettre l'armée en derou-
te, & piller les tentes, pendant
le temps de la deffenſe, à cauſe
qu'il eſt impoſſible de repouſſer vn ſi puiſſant ennemy ſans
combattre. Faloit-il pour rendre l obeïſſance & la ſouſmiſ-
ſion qui eſt deuë au General,
ſe laiſſer vaincre aux ennemis,
à cauſe qu'il auoit ſimplement
deffendu de leur liurer le combat, & non pas de ſe deffendre,
de les repouſſer & de les vaincre?

N iij

Par la Remotion.

IE dis dauantage, MES-SIEVRS, ce n'eſt pas Manlius le fils qui a combatu, ce n'eſt pas luy qui a commencé le combat, mais c'eſt luy qui l'a finy : Mais il n'a fait en cela que ce que deuoit faire vn excellent Capitaine, vn valeureux citoyen de Rome : Il a apris que les Latins preſſoient ſes gens, qu'ils les forçoient, qu'ils les emportoient, qu'ils les maſſacroient, & qu'ils en faiſoient vn horrible carnage. Il n'a pû ſouffrir cette inſulte qui ſe faiſoit aux Troupes romaines, ſans qu'il en tiraſt quelque ſorte de vengeance. Il a repouſſé les ennemis, il les a vaincus, & en les

battant & defaifant, il a deliuré les fiens, qui fans fon puiffant fecours, eftoient fur le
point de fuccomber fous l'effort des ennemis. Quy à-t-il
de fi fafcheux dans cette a-
ction ? Qui à-t-il de fi dangereux & de fi criminel?

Par la Purgation.

MAis accordons à nos
aduerfaires que c'eft
luy qui a commencé le combat. C'eft la neceffité de combatre & de fe deffendre qui l'y
a forcé: il faloit, ou mourir,
ou fe voir dans les fers, ou
combatre. Il ne cherchoit pas
les ennemis, il les a rencontrez
en pouffant quelques Troupes
qui vouloient battre fes par-
tis & les deffaire: il s'eft trou-

uë infenfiblement engagé au combat, fans qu'il euſt deſſein de donner bataille, n'ayant point commencé le combat.

L'EPILOGVE.

Les mouuemens qui viennent de la Douceur, de la Clemence, & de la Compaſſion doiuent eſtre la matiere & le ſuiet de l'Epilogue de cette ſorte de defenſe, par les Eloges des belles qualitez de l'Accuſé, & des grands auantages qui s'en peuuent tirer; auec ceux de la Clemence & de la Douceur meſme, ſelon les regles que nous en auons données dans noſtre methode d'exciter les paſſions.

CHAPITRE XLIII.

EXEMPLE,

De la Cause Assomptiue
ou colorée.

*Deffense de Torquatus Man-
lius, & accusation du jeune Manlius.*

Par la Comparaison

IL est vray, MESSIEVRS,
que de deux extremitez in-
egalement fâcheuses, il est de
la conduite d'vne personnne
raisonnable de preferer celle
qui l'est le moins, & comme parle le vulgaire, de deux
maux, il faut tousiours éuiter

N v

le pire. Il est dur à vn pere, je l'auoüe, il luy est dur de se défaire d'vn fils d'vne si grande esperance, heureux, & valeureux, pour auoir sans ses ordres combatu & deffait les ennemis de l'Estat. Mais il faut aussi qu'on m'aduoüe, qu'il est incomparablement plus fâcheux & plus dur à vn bon citoyen, & fort reconnoissant de faire mourir la Republique, & de luy donner le coup de la mort, pour se conseruer vn fils, & vn fils refractaire, fier & desobeissant à ses commandemens, ou plustost à ceux de l'Estat mesme, qui ne se conserue que par le seul respect qui est deu aux ordres de l'Empereur, & que par l'authorité qui leur est accordée.

Par la Purgation.

MAis il n'a pas recherché les ennemis, dit-on, il ne les a pas prouoquez au combat, il ne le a pas engagez, & il ne leur a point presenté la bataille ; au contraire, il les a rencontrez à la campagne. Mais enfin, quelle necessité de prendre la campagne, & de sortir des lignes qui r'enfermoient l'armée ? Le Consul deffend de sortir du camp. Ce ieune Prince emporté en sort. Le Consul deffend de combatre. Et à la premiere occasion qui se presente, ce fils aussi desobeissant qu'imprudent, combat les ennemis. Est-ce ainsi que par malheur pour luy, il a fait rencontre des ennemis, &

que le hazard a voulu qu'il les ait combatu, & qu'il les ait deffait par occasion, & lors qu'il y pensoit le moins? Apres cela, MESSIEVRS, peut-on s'imaginer que, &c.

L'EPILOGVE.

Il ne faut qu'vn peu de jugement pour voir quels sont les mouuemens qu'il faut auoir dans la conclusion de ces sortes de Plaidoyez, & quelles sont les Passions qu'il faut exciter dans l'ame des Iuges, & de toute l'audiance, comme sont la Haine, l'Aduersion, la Colere, &c.

CHAPITRE XLIV.

De l'Eſtat legal,

C'eſt à dire,

De la Maniere de plaider la cauſe juridique, legale ou legitime.

DE toutes les Cauſes qui ſe preſentent au Palais, il n'y en a point de plus ordinaires & de plus frequentes que celles qui ſont legales, ou legitimes ; ce ſont elles auſſi qui donnent aux Aduocats le plus d'employ & le plus d'exercice, à cauſe qu'elles ſont toutes fondées & appuyées ſur les Titres & ſur l'Ecriture.

Cet Estat, ou cette sorte de Cause juridique, selon la remarque de Ciceron à cinq principales especes, qui sont:

Celle de la loy & de la Volonté.

Celle de la Contrarieté des Loix.

Celle du Raisonnement.

Celle de l'Ambiguité des termes.

Celle de la Grandeur. *Voyez Cic. 2. de Inuent.*

CHAPITRE XLV.

La Cause legale, fondée sur ce qui est écrit.

LE Procez ou la Cause legale fondée sur ce qui est escrit, consiste en ce que l'vne des Parties est fondée sur vn escrit, ou sur vne loy, sur vn contract, sur vn Testament, & sur les paroles du Testament, & que l'autre Partie est fondée sur l'intention, & sur la volonté de celuy qui a écrit, du Legislateur ou du Testateur, comme : *Nous auons vne Loy qui deffend à vn Estranger sur peine de la vie, de monter sur les murs de la ville : Peregrinus qui murum ascenderit,*

capite plectitor. Tittus estran-
ger monte sur la muraille de la
ville, chasse l'ennemy qui la vou-
loit surprendre. : Ses ennemis
l'accusent selon la teneur de la
loy, & le veulent faire mourir.

Le Demandeur ou le Com-
plaignant, qui est appuyé sur
ce qui est escrit, & qui veut
deffendre la loy, dit que Titius qui a monté sur le mur de
la ville est criminel de la loy,
à laquelle il a contreuenu ; que
celuy-là est coupable de la loy
qui fait ce qu'elle deffend de
faire ; que la loy est sainte &
sacrée, & qu'il n'y a rien en
elle qui ne porte les marques
de sa sainteté , que tout y est
equitable & juste, que le procedé de Titius blesse la loy, que
c'est vne entreprise, & qu'il ne

faut pas mesme luy donner quelque nouuelle interpretation, qu'il se faut attacher aux paroles, & à ce qui est escrit, à moins de vouloir accuser de foiblesse, d'imprudence, & d'imbecillité; ou le Legislateur, ou le Testateur, ou ceux qui ont passé le Contract.

Le Deffendeur, au contraire, soustiendra qu'il faut s'attacher au sens, à l'intention, & à la volonté, ou du Legislateur, ou du Testateur, ou des contractans, plustost qu'à leurs paroles; que les Contractans n'ont escrit que ce qu'ils croyent deuoir escrire, qu'ils n'ont preueu que ce qu'ils pensoient deuoir preuoir; qu'ils n'ont ou plus ou moins écrit que selon ce qu'ils

auoient deſſein de faire à l'a-
uenir, & qu'il faut touſiours
ſuiure la raiſon & l'equité, &
les preferer à la ſurpriſe des expreſſions douteuſes, obſcures,
& ambaraſſantes, & ne cher-
cher dans les termes de leur
dernieres volontez que ce que
la raiſon, la juſtice, la pieté, &
la religion leur deuoit inſpirer
& dicter. Il faut toûjours prendre l'eſprit & le motif de la loy
& le preferer à ce que les particuliers peuuent penſer à leur
auantage, & remarquer que le
droit eſt fort bien appellé la regle ou le modele de ce qui eſt
ou doit eſtre bon & equitable
Ius ars eſt boni & æqui. Et en
ſuite il faut repreſenter qu'en
cas de droit eſcrit, on n'a jamais fait aucune difficulté de
preferer l'eſprit de la loy, des

Contracts & des Testaments aux paroles qui s'y trouuent employées, comme il se voit dans l'exemple suiuant. *Nous auons vne Loy qui deffend à qui que ce soit de sortir de nuit sans flambeau, sur peine d'amende, & de prison, & de porter ny espee, ny pistolets :* Noctu quisquis cum ferro deprehenditur vincitor. *Le Guet trouue Titius dans la ruë, vn flambeau non allumê, dans vne main, vne épee rompuë, il y a fort long temps, en l'autre auec deux pistolets sans chien & sans fusil, qu'il porte chez vne personne de sa connoissance.* Titius est fait prisonnier, & traitté indignement par le Magistrat, qui sans auoir esgard aux circonstances du fait, l'a condamné selon les termes de la loy, comme si en effet, Titius

euſt eſté ſaiſi effeçtiuement l'é-
pée & le piſtolet à la main.
Qui ne voit que dans cette
deffenſe, il faut abandonner
les propres paroles de l'ordonnance, & auoir recours à l'é-
quité, c'eſt à dire, à l'intention
& à la raiſon du Legiſlateur,
qui deffend de marcher de
nuit par la ville ſans flambeau
allumé, & de porter vne eſpée
& des piſtolets dont on puiſſe
faire du mal, ſelon leur vſage
ordinaire.

CHAPITRE XLVI.

La Cause legale, fondée sur l'Antinomie, ou contrarieté des Loix.

LA Cause legale fondée sur l'Antinomie, ou contrarieté & conflict des Loix, consiste en ce que l'vne des Parties est fondée sur vne Loy ou sur vn Arrest qui luy est aduantageux, & qui est tout à fait, ou du moins en partie contraire à celuy qui appuye la demande de la Partie aduerse, *comme il se voit dans l'espece suiuante. Nous auons vne Loy qui ordonne au Tyrannicide vne Statuë dans la place publique. Ty-*

rannicidæ Imago in Theatro ponatur. *Et nous auons vne autre loy contraire à celle-là qui deffend de mettre dans la Place, la figure d'vne femme*, Mulieris imago in Gymnasio ne ponatur. Il se trouue dans vne rencontre assez impreueuë qu'vne femme deliure la ville du Tyran qui tenoit les citoyens dans les fers. Elle requiert selon la teneur de la loy qu'on luy erige dans la place publique la figure que la loy du Tyrannicide luy accorde; pour la glorieuse recompense du grand seruice qu'elle a rendu à la Republique. L'autre loy qui est toute contraire à celle-cy le deffend: Voilà l'Antinomie: Voilà le conflict: Voilà la contrarieté des Loix. Que faut-il faire dans cette fâcheu-

se

se conjoncture ? Les Aduocats doiuent auoir recours aux
quatre moyens suiuans, qui
sont :

    L'Antiquité,
    L'Authorité.
    L'Equité.
    L'Vtilité.

Dans le discernement &
dans l'vsage desquels ils doiuent employer les six regles
qui suiuent.

    1. Les Loix diuines sont
tousiours preferables à celles
qui sont humaines.

    2. Les Loix anciennes sont
sujettes, ou à la derogation, ou
à la subrogation des nouuelles
qui les abolissent, ou qui leur
derogent en quelque façon,
ou qui leur en subrogent d'autres.

    3. La Loy qui commande

est preferable à celle qui ne fait
que permettre ; parce que la
premiere regarde ce qui est necessaire, & que la seconde ne
considere que ce qui est libre
& volontaire.

4. La Loy speciale, & qui
deffend en particulier certaines sortes d'actions doit l'emporter sur celle qui deffend les
choses en general ; par ce que
la deffense particuliere, comme vne exception, déroge, ou
au commandement, ou à la
deffense generale.

5. La Loy qui est pour le
bien de toute la societé doit
estre preferée à celle qui ne regarde que le bien de quelques
particuliers.

6. Enfin il faut auoir égard à
l'excellence du Legislateur, &
de celuy qui fait les loix, ou qui

donne les regles & les ordonnances que nous sommes obligez de suiure, de telle sorte
que celles qui nous viennent
de ceux qui ont excellé dans
les choses où ils se sont tout à
fait employez, sont preferables à celles de ceux qui s'e-
stant appliquez à plusieurs autres choses, ne s'y sont pas rendus si recommandables : comme ; vn Aduocat qui se sera principalement appliqué
aux matieres beneficiales ,
sera plus receuable dans ses
opinions sur ces sortes de causes, que celuy qui s'est employé dans les matieres beneficiales, & dans les ciuiles.

CHAPITRE XLVII.

De la Cause du raison-
nement.

LA Cause du Raisonne-
ment qu'on appelle l'e-
stat ou la Cause syllogistique
consiste dans l'effort de la raison qui, par d'ingenieuses in-
ductions & consequences, fait
voir dans ce qui est escrit, c'est
à dire, dans la Loy, dans l'Arrest, dans le contract, dans la
missiue, ce qui n'y est pas ex-
pressement, ce qui n'y est point
stipulé, ce qui n'y est point
deffendu ou commandé, par
de certains rapports de conue-
nance ou d'opposition, qui se
tirent des quatre especes les

plus ordinaires, qui font :

Les Majoritez.

Les Paritez.

Les Minoritez.

Les Contraires.

Comme nous le voyons dans l'espece suiuante. *Nous auons vne Loy qui ordonne que celuy qui aura tué son pere, sera cousu dans vn sac auec vn cocq, vne vipere, & vn singe, & jetté dans la riuiere. Quisquis Patrem occiderit insutus in culeum cum gallo, vipera & simia conjiciatur in Tiberim.* Titius est atteint & conuaincu d'auoir commis vn tel crime dans la personne de sa mere ; il est tout éuident par la consequence de la parité, qu'il doit subir le suplice & la peine qui est ordonnée par la loy du Parricide.

Les plus ordinaires façons ou manieres d'en parler quand on a dessein de s'en seruir, sont de dire, ou que l'égalité des personnes, du merite & des motifs nous oblige à tirer de la loy l'egalité du supplice, ou qu'il y a moins de sujet de l'exiger de la loy, le crime estant de moindre consequence, ou qu'il semble que la loy nous oblige par la dignité de la personne offensée à changer les termes de la loy, ou du moins à les rendre generaux, & de soustenir que le Legislateur a deu employer les termes de pere & mere. *Quisquis occiderit Parentes*, & le Deffendeur ou l'accusé en vsera autrement par des considerations opposées que la nature du fait luy sug-

gerera, & ce qu'il a de genie,
d'habitude, & de pratique dans
la plaidoyrie.

CHAPITRE XLVIII.

*De la Cause legale, fondée
sur l'equiuoque & ambi-
guité de quelques expres-
sions.*

LA Cause, la difficulté,
ou contestation legale
de l'ambiguité ou de l'obscurité des paroles, ou de la loy;
ou de l'Arrest, ou de la Coustume; ou de l'Ordonnance,
ou du Testament; ou de la
promesse, ou du contract; ou
du compromis, ou de la missiue, vient de l'ambiguité de
quelques paroles, ou de quel-

ques façons de parler qui se peuuent prendre en deux sens, qui ont deux faces, & qui donnent deux idées differentes, comme nous le pouuons voir dans l'exemple qui suit. *Ie donne & legue par ce mien Testament toutes mes pierreries à Meuia, dont elle donnera à Titia sa sœur ce qu'elle voudra.* La difficulté de la Cause & du procez vient des paroles, *Elle voudra:* l'Executeur testamentaire ne sçachant pas auec certitude à laquelle des deux sœurs heritieres du Testateur, il doit rapporter l'acte de la volonté, ou le choix, laquelle des deux sera le sujet & l'objet du choix, ou Meuia, ou Titia, *ce qu'elle voudra*, pour dire ce que *Meuia voudra*, ou ce que *Titia voudra.*

Les Aduocats se peuuent
deffaire de ces ambaras & sortir de ces deux difficultez ; par
les deux principaux termes de
la Critique, qui sont :

La Definition.

La Diuision.

Par la Definition l'Aduo-
cat fait voir la nature des choses qui appartiennent à la contestation ; c'est à dire, qu'il expliquera la volonté du Testateur, il expliquera ce que c'est
qu'estre principal heritier qui
se trouue dans cette expression
du Testateur, *Ie donne & legue
tous mes biens*, il expliquera &
fera voir le merite de Meuia
qu'il fera voir plus grand que
celuy de Titia, & qui la rend
la plus habile à succeder, &
que sa condition la met en
estat de faire vsage de ces
V

joyaux, pluſtoſt que Titia ſa
ſœur, qui n'a pas beaucoup
d'attache pour le monde.

L'Aduocat de Titia par la
meſme Definition fera voir
qu'elle eſt la plus habile à ſuc-
ceder; & qu'elle n'eſt, ce ſemble, la ſeconde heritiere, qu'à
cauſe qu'elle n'eſt pas encore
en âge de diſpoſer de ſes volontez, &c.

Par la Diuiſion, pareillement,
diſtinction, ou partition, l'Aduocat fait voir que les termes
ſont generaux & eſtendus,
qu'ils ſignifient pluſieurs choſes, comme il ſe voit dans le
Teſtament qui ſuit. *Titius teſte
à Orleans, & diſpoſe de ſon argent en faueur de l'Hoſpital general.* Les Adminiſtrateurs du-
dit Hoſpital, ſont appellez à
l'execution du Teſtament,

comme legataires; ils font en-
leuer tout l'argent du deffunt
Titius Testateur. Là-dessus
les autres Legataires forment
opposition, souftenant que le
defunt ne leur a legué que son
argent en espece, qui se trouue dans ses coffres. En suite les
Administrateurs de l'Hospital
general interuiennent & demandent le legs qui est fait en
leur faueur, attendu que c'est
celuy de Paris qui est l'Hospital general, à l'exclusion de
tous les autres.

Les Aduocats ne se peuuent
dégager de ces ambarras, & du
costé de l'argent, & du costé
de l'Hospital general, que par
le secours de la diuision & de
la distinction jointe à la défini-
tion, (ces deux termes estans
toûjours inseparables dans leur

vſage chez les Orateurs) il faut qu'ils definiſſent l Hoſpital gé-néral ; il faut qu'ils le diuiſent. il faut qu'ils diuiſent l'Hoſpi-tal general en ſes eſpeces pour trouuer celuy de Paris & d'Or-leans, & les diſtinguer. Il faut qu'ils definiſſent l'argent, & qu'ils le diuiſent, qu'ils defi-niſſent cette parole *Argent*, & ce qu'elle ſignifie, ſi elle eſt generale ou ſpeciale. Il faut qu'ils diuiſent l'argent, & qu'ils faſſent voir ſes diuerſes eſpe-ces, qui ſont :

L'Argent monoyé.

L'Argenterie.

L'Argent en bare.

L'Argent en dépoſt.

L'Argent preſté.

L'Argent de rente, ou de ferme.

L'Argent de ſucceſſion par

vn autre Teſtament.

Les Aduocats de l'vne & l'autre Partie ſe ſeruent diuerſement de la definition & de la diuiſion. Le Demandeur qui ne veut que ſes aduantages, ſe ſert de la definition, en renfermant dans vn ſeul terme general toutes les eſpeces du genre, ainſi qu'il ſe voit dans l'eſpece de l'argent, & ſi l'effet de la definition eſt onereux à ſa Partie, il ſe ſert de la diuiſion. L'Aduocat de la Partie aduerſe en vſe de meſme pour le bien de ſa Partie. Et les vns & les autres ſelon la nature de leur Cauſe ſe tiendront aux termes du Contract ou du Teſtament, de la promeſſe, &c. en faiſant voir que tout y eſt de bon ſens conforme à la loy, à l'ordonnance, à la couſtume, à l'vsage, à l'équité, & au bien des personnes plus ou moins interessées. Et l'Aduocat de la Partie aduerse fera voir les inconueniens fâcheux que les contractans n'ont pû preuoir. Nous deuons remarquer que cette sorte de Cause demande beaucoup de genie & beaucoup d'exercice. *Voyez nostre Art de bien dire sur la definition, diuision & partition, pag. 115. Voyez le premier liure de Ciceron, de l'Inu. qui parle amplement de cette espece de Cause.*

CHAPIT. DERNIER.

De l'Estat de la quantité,

C'est à dire,

De l'Estenduë ou de la quantité de la Cause.

LES Rheteurs & les Mai-
stres d'éloquence, font
vn quatriesme Estat, ou espece de Cause pour la commodité des Aduocats, des Iuges,
& de l'Audiance, plustost que
pour aucune necessité qui
vienne des sujets, des faits,
ou des Causes qui se presentent à plaider, estant tres-con-
stant que le *plus* & le *moins*, en
quelque chose que ce puisse

estre ne changent jamais leur
nature; le Parricide est vn crime & le simple homicide aussi,
l'vn & l'autre sont crime, mais
ils ne sont pas crime l'vn plus
que l'autre: il est seulement
vray que le Parricide est vn
crime plus grand que le simple
homicide, comme l'adultere
double est plus grãd que le simple; & voilà la seule difference.

La Cause de la Grandeur du
fait à deux principales especes,
qui sont:

La Grandeur, ou l'Enor-
mité.

La Petitesse, ou la Lege-
reté.

L'vne & l'autre de ces deux
especes de quantité se traite
ordinairement par les cinq Topiques, ou considerations suiuantes, qui sont:

La Cause, ou le Motif.

La Coulpe, ou le Dom-
mage.

La Personne agente, ou
la Patiente.

Les Circonstances, le lieu,
& le temps.

L'Injure faite aux Loix.

ARTICLE I.

Par le Motif.

L A Cause, le fait, ou le
crime est plus ou moins
considerable au regard du motif, qui a fait agir & souffrir,
selon la grandeur ou la petitesse du suiet, & de la raison
qui nous a fait agir : comme si
Titius qui n'auroit pas trouué
Meuius au rendez-vous d'vne

simple visite de femme de ga-
lenterie & de diuertissement,
renonçant à son amitié, par
vn témoignage desobligeant,
pour se venger, luy faisoit par-
dre sa fortune, qu'il estoit sur
le point de faire, par vne aliance auantageuse, ou au contraire, lors que pour vne grande offense, on tire vne petite
vengeance, ainsi qu'il se voit
dans l'exemple precedent,
mais en le renuersant. Les plus
fortes, les plus solides & con-
uaincantes demonstrations ou
preuues se tirent de l'humeur
& de l'inclination de la personne qui a fait, ou la moindre, ou la plus grande offense.

ARTICLE II.

Par le Dommage.

LA Cause est ou de grande ou de moindre importance par l'injure & par le dommage, lors que la perte du Demandeur est plus fâcheuse & prejudiciable que celle qu'a souffert le deffendeur, comme sont le vol & l'homicide, Titius prend la montre de Meuius, & Meuius le tuë, en luy perçant le corps de son espée.

ARTICLE III.

Par la Personne.

L'Action est ou plus ou moins importante au re-

gard de la Personne qui a fait
l'injure, ou qui l'a receuë par
le plus ou le moins de merite
des personnes interessées ou
agissantes, ou souffrantes; comme si vne personne de grande
condition fait outrage à vne
autre qui est moins puissante,
& qui ne peut tirer de satisfaction par les voyes ordinaires
& permises, l'injure est plus
grande au regard des deux personnes, comme celle que Tar-
quiu fit à Lucrece en la vio-
lant. Les consequences & les
éuenemens l'augmentent encore beaucoup, comme il se
voit dans le mesme exemple
proposé, ou nous voyons que
Lucrece se tuë à la veuë de
toute sa famille, & de toute la
ville de Rome, & qu'en outre
cet adultere cause la ruine

de plusieurs familles, & la mort d'vn grand nombre de personnes.

Il faut remarquer que c'est dans cette sorte de Cause que les especes de la quantité categorique ont leur principal vsage, qui sont les six suiuantes.

La Ligne.
La Surface.
Le Solide.
Le Nombre.
L'Ordre.
Le Temps.

Pour sçauoir, (par la Ligne) *Si ce crime passera jusqu'a la derniere postcrité?* (Par la Surface,) *s'il regarde toute sorte de personne & toute sorte de païs ?* (Par le Solide) *Si ce crime est inefaçable ?* (Par le temps) *S'il s'est commis, s'il se commet journellement, & s'il continuera de se com-*

mettre? (Par le Nombre,) si c'est le seul qu'il a commis? S'il estoit seul à le commettre? (Par l'Ordre,) si c'est le premier qu'il a commis? Voyez nostre Rhetorique du Sens-commun.

Nous deuons remarquer que c'est icy qu'il faut employer les Topiques de la Cause conjecturale, pour plaider la cause par les Topiques de la passion dominante, pour découurir les causes mouuentes de la volonté, dont nous auons parlé dans le Chap. XVIII. pag. 78. de cette Idée du Plaidoyé.

ARTICLE III.

Par les Circonstances, le lieu, & le temps.

LE Fait ou la Cause est plus ou moins conside-

rable par les Circonstance, le
Lieu, & le Temps, que le lieu
& le temps sont plus ou moins
remarquables : & le lieu & le
temps à leur tour le sont plus
ou moins, selon le plus ou le
moins de leurs adjoints & de
leurs accidans ; ainsi c'est vn
plus grand crime de tüer vn fils
sur le tombeau de ses ayeuls, en
presence de son pere, le jour
d'vne ceremonie extraordinaire, que dans vn autre lieu,
dans vne autre occasion, ou
conjoncture ; & le vol commis
dans vne Eglise, rend vn homme plus criminel que s'il l'a-
uoit fait dans vne maison particuliere, & celuy qui se fait
chez vn particulier de nuit, est
plus grand que celuy qui se fait
de iour au même endroit : c'est
pourquoy Messieurs de la gran-

de-Chambre, puniſſant plus
ſeuerement vn coupeur de
bourſe pris ſur le fait à l'heure
de l'Audience, que s'il en auoit
coupé vne dans vn autre lieu,
& dans vn autre temps.

ARTICLE IV.

Par la Circonſtance des Loix violées.

LES Crimes ſemblable-
ment qui ſe commettent
contre les Loix qui ſont les
plus ſacrées, ſont plus grands
que ceux qui ſe commettent
contre les moindres; ainſi les
crimes qui ſont contre les loix
diuines ſont plus puniſſables
que ceux qui ſe commettent
contre les loix humaines; contre les loix generales, que contre les Loix particulieres.

FIN.

ADVIS.

AVant que de finir ce
Traité, je me sens obli-
gé de vous dire que vous de-
uez y joindre celuy des Lieux-
communs des matieres liti-
gieuses; c'est à dire, les considerations, ou pensées qui peuuent estre employées en plusieurs Causes, & qui reuien-
nent souuent, que j'ay fait im-
primer separement : & que
vous aurez dans la Rhetorique
generale ou commune, ce qui
manque à celle-cy, dont vous
auez vne bonne partie dans la
Rhetorique des Predicateurs,
comme sont le nombre des
parties de l'Oraison, leur necessité, l'Exorde, son origine,

& son vsage, les Figures, les
Transitions, les Metaphores,
& les autres ornemens de l'Art,
& les maniere de les employer,
auec l'Art de faire naistre les
Passions.

Liste des Liures imprimez qui se sont
faits, & qui se vendent à l'Aca-
demie des Orateurs.

OVtre les Pieces oratoires, comme Harangues, Installations, Complimens,
Lettres, Ouvertures d'audiance, Plaidoyez,
Vers, & autres pieces d'éloquence, qui se
font à l'Academie des Orateurs, pour ceux
qui n'ont pas le loisir de les composer.

Nous vendons cinq Volumes de Questions, curieuses, vtiles, & diuertissantes,
traitées *pour* & *contre*, auec leur decision, en grand & petit Volume.

Les notables differences des cinq principales Nations de l'Europe.

La Rhetorique des Predicateurs.

L'Art d'écrire des missiues.

La Methode de lire les Autheurs, & faire
des Recueils, ou lieux communs metho-
diques.

La Maniere de composer vn Plaidoyé.

L'Art de bien dire.

La Maniere de déguiser vn Discours.

Les Epigrammes du Cheualier d'Aceill.

TABLE

DES

CHAPITRES.

é ij

DES CHAPITRES.

TABLE

TABLE

DES CHAPITRES.

Fin de la Table des Chapitres.

DAns la Preface, pag. 10. lig. 7.
liſez, ingenieuſes. pag. 11. lig.
8. *liſez* ſouſtenuës.

Pag. 10 lig.   *liſez* qu'elles choquent. pag. 22. lig. penultiéme, *liſez*
dénomination. pag. 43. lig. 11. *liſez*
vtenſiles. pag. 64. lig. 12. *liſez* que
celuy. pag. 90. lig. derniere, *liſez*
preſentent. pag. 96. lig. 19. *liſez* les
aduoüë. p. 100. li. 19. *liſez* preſſants.
pag. 102. lig. 3. *liſez*, & contre Clodius. pag. 111. lig. 8. *liſez* voye. pag.
119. lig 11. *liſez* tuënt le cocher. pag.
132. lig. 2. *liſez* Plaidoyé pour Clodius, & contre Milon. pag. 135. lig. 11.
liſez, Et c'eſt-là l'origine. pag. 136.
lig. penultiéme, *liſez* la deſſaire de
Milon. pag. 140. lig. 2. *liſez* & qu'elle luy. & lig. 13. *liſez* empeſchement.
pag. 141, lig. 4. *liſez*, que Clodius
étoit autant aimé. pag. 152. lig. 1.
liſez qu'on doiue faire fort, & lig. 10.
liſez, ce que Milon a. pag. 164. lig.
2. *liſez* n'y. pag. 168. lig. 8. *liſez* leze.

pag. 202. lig. 17. *lisez*, & que. pag.
203. lig. 1. *lisez*, & si c'est à, & lig. 12.
lisez ce. pag. 212. lig. 13. *lisez*, l'injustice de l'action. lig. 17. *lisez*, l'injure, l. 20. *lisez* injuste. pag. 220. lig.
19. *lisez* condem. pag. 250. lig. 16.
lisez la foy. pag. 254. lig. 7. *lisez* declamations. pag. 262. lig. 11. *lisez*
toute, lig. 13. *lisez* s'ex- & lig. 14. *li-*
sez se justifier. pag. 271. lig. 22. *lisez*
injustement. pag. 274. lig. 8. *lisez* des
Ennemis. pag. 283. lig. 11. *lisez*, &
juré de ne. pag. 291. lig. 19. *lisez*,
croyoient pag. 293. lig. 7. *lisez*, sous
peine. pag. 295. lig. 16. *lisez*, vne loy.
pag. 312. lig. 1. *lisez*, n'en changent
jamais la. pag. 316. lig. derniere, *li-*
sez, causa. & pag. 320. lig. 1. *lisez*
punissent.